Gernot Sydow

Parlamentssuprematie und *Rule of Law*

Britische Verfassungsreformen
im Spannungsfeld von *Westminster Parliament,*
Common-Law-Gerichten
und europäischen Einflüssen

Mohr Siebeck

Gernot Sydow, geboren 1969; Studium der Rechtswissenschaft, der Mediävistik und der Neueren und Neuesten Geschichte in Freiburg und Edinburgh; juristisches Referendariat und Promotion (2000); Wissenschaftlicher Assistent am Institut für Staatswissenschaft und Rechtsphilosophie, sodann am Institut für Öffentliches Recht der Universität Freiburg; Habilitation (2004); anschließend Forschungsaufenthalt an der Universität Edinburgh, z.Zt. Privatdozent an der Universität Freiburg und Leiter eines rechtsvergleichenden DFG-Forschungsprojekts.

Gedruckt mit Unterstützung der Wissenschaftlichen Gesellschaft Freiburg.

ISBN 3-16-148758-3

Die Deutsche Bibliothek verzeichnet diese Publikation in der Deutschen Nationalbibliographie; detaillierte bibliographische Daten sind im Internet über *http://dnb.ddb.de* abrufbar.

© 2005 J.C.B. Mohr (Paul Siebeck) Tübingen.

Das Buch wurde von Computersatz Staiger in Rottenburg/N. aus der Garamond Antiqua gesetzt, von Gulde-Druck in Tübingen auf alterungsbeständiges Werkdruckpapier gedruckt und von der Buchbinderei Held in Rottenburg/N. gebunden.

Vorwort

Die vorliegende Studie formuliert Ergebnisse einer längerfristigen Beschäftigung mit dem britischen Verfassungsrecht, an deren Beginn 1994/1995 ein unvergeßliches Studienjahr an der Universität Edinburgh stand. Wesentliche Teile der Studie sind dort im Sommer 2004 entstanden. Rechtsprechung, Gesetzgebung und Veröffentlichungen sind weitgehend noch bis Mai 2005 berücksichtigt; dies gilt insbesondere für den *Constitutional Reform Act* vom 24. März 2005.

Mein Dank gilt Prof. Dr. *Colin Munro*, Dr. *Robert Lane* und Dr. *Stephen Tierney*, die den Forschungsaufenthalt in Edinburgh ermöglicht und durch zahlreiche Gespräche bereichert haben. The Rt. Hon. *Lord Rodger of Earlsferry, Lord of Appeal in Ordinary* im *House of Lords*, war Gesprächspartner für eine ausführliche Diskussion der britischen Verfassungsentwicklung. Die Hörer meiner Vorlesung zum *British Constitutional Law* und die Teilnehmer meines Seminars über *Constitutional Reform in the United Kingdom* in den Sommersemestern 2004 und 2005 an der Universität Freiburg haben zur Klärung vieler Überlegungen beigetragen. Ein besonderer Dank für die kritische Lektüre des Manuskripts gilt *Anna-Bettina Kaiser*, LL.M., Freiburg, und Dr. *Katja Ziegler*, Oxford.

Für die Gewährung eines Druckkostenzuschusses danke ich schließlich der Wissenschaftlichen Gesellschaft Freiburg.

Freiburg, im Mai 2005   Gernot Sydow

Inhaltsverzeichnis

Abkürzungsverzeichnis

Die Abkürzungen deutscher Fachbegriffe, Zeitschriften etc. folgen
Hildebert Kirchner/Cornelie Butz, Abkürzungsverzeichnis der Rechtssprache,
5. Aufl. 2003.

A. C.	The Law Reports – Appeal Cases (voranstehende Zahlen sind Bandbezeichnungen bei mehrbändigen Jahrgängen)
All ER	All-England Law Reports
CCSU	Council of Civil Service Union
ch.	chapter
C. J. Q.	Civil Justice Quarterly
C. L. J.	The Cambridge Law Journal
col.	column
CRA	Constitutional Reform Act
DPRRC	Delegated Powers and Regulatory Reform Committee
ECA	European Communities Act
E. C. J.	European Court of Justice
ed.	edition, editor
EOC	Equal Opportunities Commission
ELRev	European Law Review
ex p.	ex parte
GCHQ	Government Communication Headquaters
HL	House of Lords
H. L. Deb.	House of Lords Debates
HMSO	Her Majesty's Stationery Office
HRA	Human Rights Act
J. L. S.	The Journal of Legislative Studies
KB	The Law Reports – King's Bench Division
L. Q. R.	The Law Quarterly Review

MERLR	Mercer Law Report
M. L. R.	The Modern Law Review
No.	number
O. J. L. S.	Oxford Journal of Legal Studies
p.	page
P. A.	Parliamentary Affairs
par.	paragraph
P. L.	Public Law
QB	The Law Reports – Queen's Bench Division
R.	Rex/Regina
RUDH	Revue universelle des droits de l'homme
Sc. L. T.	Scots Law Times
sec.	section
Stat. L. R.	Statute Law Review
UK	United Kingdom
v.	versus
VNJTL	Vanderbilt Journal of Transnational Law
vol.	volume
Y. E. L.	Yearbook of European Law

§ 1 Einführung

I. Verfassungsreform in Großbritannien

Die überkommene britische Verfassungsordnung, wie sie *A. V. Dicey*[1] in prägender Weise vor 120 Jahren beschrieben hatte, ist Gegenstand weitreichender Reformen. Teilweise reichen sie bis in die 1970er Jahre zurück; unter der *Labour*-Regierung ist der Reformprozeß seit 1997 erheblich intensiviert und beschleunigt worden. Klarheit über das endgültige Reformziel oder den anzustrebenden Schlußpunkt des gegenwärtigen Reformprozesses besteht nicht. Eindeutig ist demgegenüber, daß bereits die abgeschlossenen Reformen von grundlegender Bedeutung sind und die Verfassung in ihrem Kern berühren: Der Revolutionsbegriff ist zur Kennzeichnung der britischen Verfassungsreformen weit verbreitet;[2] sie sind bereits als *"a kind of Glorious Revolution of the late 20th century"* apostrophiert worden.[3] Der Politikwissenschaftler *A. King* hat zudem vor wenigen Jahren den Tod der traditionellen britischen Verfassung diagnostiziert.[4]

Diese Aussagen beziehen sich auf die allmähliche Ausbildung einer Verfassung, die das Handeln von Regierung und Parlament normativen Maßstäben unterwirft und das Mehrheitsprinzip durch gerichtlich durchsetzbare Bindungen begrenzt.[5] Der politische Prozeß und die Verfassung werden da-

---

[1] *A. V. Dicey*, Lectures introductory to the law of the constitution, 1st ed. 1885, von der dritten bis zur zehnten Auflage von 1959 unter dem Titel: Introduction to the study of the law of the constitution.

[2] *Sir W. Wade*, [1996] L. Q. R. 568, at 571: "While Britain remains in the EU we are in a regime in which Parliament has bound its successor successfully, and which is nothing if not revolutionary." *A. King*, Does the United Kingdom still have a constitution?, 2001, p. 53: "Taken together, the various individual changes amounted to a constitutional revolution." Zurückhaltender *D. Oliver*, Constitutional Reform in the UK, 2003, p. V: "profound constitutional change". Aus deutscher Perspektive *St. Schieren*, Die stille Revolution, 2001.

[3] *A. King*, Does the United Kingdom still have a constitution?, 2001, p. 74

[4] "One of the first things to be said about the [constitutional] changes ... is that most of them are permanent. They will not be reversed. Most of them, in practical political terms, are irreversible ... The traditional British constitution ... is dead. Requiescat in pace", *A. King*, Does the United Kingdom still have a constitution?, 2001, p. 80–81. *A. King* ist Professor for British Government an der Universität Essex.

[5] Letzter und viel beachteter Schritt dieser Entwicklung: *A (FC) and others v. Secretary*

durch klar unterscheidbar. An die Stelle der überkommenen politischen Verfassung, eines bloßen *"commentary on how the country is governed"*[6], tritt eine rechtsnormative Verfassung, ohne daß diese Entwicklung für widerspruchslos oder eindimensional gehalten werden könnte. Zur Bezeichnung dieser Entwicklung müßte der Begriff der Konstitutionalisierung wegen seiner Unschärfe gemieden werden,[7] wenn nicht *constitutionalism* und *constitutionalisation* in den britischen Verfassungsdiskussionen eine präzise Bedeutung hätten:[8] Sie bezeichnen die zunehmende Verrechtlichung des politischen Prozesses (*juridification of politics*) und die dadurch ermöglichte Intensivierung gerichtlicher Kontrollen über Entscheidungen, die nach bisherigem Verständnis gerade nicht rechtlich determiniert waren und in diesem Sinne politisch sind (*judicialization of politics*).

Die gegenwärtigen verfassungsrechtlichen Auseinandersetzungen in Großbritannien[9] können als Summe nicht ausgetragener Konflikte über die innere und äußere Souveränität und korrespondierender Legitimitätskonflikte rekonstruiert werden.[10] In institutioneller Hinsicht ist der Konflikt über die innere Souveränität einerseits eine Auseinandersetzung zwischen *Westminster Parliament* und *Common-Law*-Gerichten. Hinzugetreten ist seit 1998 ein Souveränitätskonflikt zwischen *Westminster Parliament* und den neu errichteten Versammlungen in den nicht-englischen Regionen, na-

---

of State for the Home Department, Urteil des *House of Lords* vom 16. 12. 2004, das zentrale Bestimmungen der britischen Antiterrorgesetzgebung nach dem 11. September 2001 (Anti-terrorism, Crime and Security Act 2001) für unvereinbar mit den grundrechtlichen Gewährleistungen der Art. 5, 14 EMRK erklärt hat (näher unten S. 56).

[6] *N. Johnson*, Reshaping the British Constitution, 2004, p. 161.

[7] Für seine vielschichtige und bisweilen beliebige Verwendung in deutschsprachigen Publikationen *R. Wahl*, FS W. Brohm 2002, S. 191 ff.

[8] *D. Oliver*, Constitutional Reform in the UK, 2003, p. 25–27, p. 385–387; Begriff bereits bei *T. R. S. Allan*, Law, Liberty, and Justice. The Legal Foundations of British Constitutionalism, 1993.

[9] Zur begrifflichen Präzisierung: Das Vereinigte Königreich von Großbritannien und Nordirland umfaßt England, Wales, Schottland und Nordirland und damit drei Rechtsordnungen (das englische Recht gilt auch in Wales), aber nur eine umfassende Verfassungsordnung. Englisches Verfassungsrecht ist nur dann eine sinnvolle Begriffszusammensetzung, wenn dadurch bewußt Rechtsfragen der *devolution* (unten S. 59 ff.) aus der Darstellung ausgeklammert werden sollen.

[10] Zentrale Studie *N. MacCormick*, Questioning Sovereignty, 1999, auch *ders.*, [2004] ELRev 852, zudem bereits *W. Wade*, [1955] C. L. J. 172, *ders.*, [1991] L. Q. R. 1, *ders.*, [1996] L. Q. R. 568, und *M. Loughlin*, The Idea of Public Law, 2003, p. 72–98. Die Diskussion wird teilweise unter Rückgriff auf *Kelsen* geführt, dessen zentrale Schriften in englischer Übersetzung vorliegen (Übersetzung der Reinen Rechtslehre durch *M. Knight* unter dem Titel Pure Theory of Law, 1967, und der Allgemeinen Staatslehre durch *A. Wedberg* unter dem Titel General Theory of Law and State, 1948) und deshalb wahrgenommen werden und dessen Grundnorm als unübersetzbarer Fachterminus in zahlreichen Beiträgen auf deutsch erscheint, so etwa bei *N. W. Barber*, [2000] O. J. L. S. 131, at 134, der die Annahme *Kelsens* bestreitet, daß jedes Rechtssystem über eine Grundnorm verfüge.

mentlich dem schottischen Parlament, das konkurrierende Legislativkompetenzen für die schottische Rechtsordnung besitzt. Im Hinblick auf die Rechtsquellen des britischen Rechts stellt sich die Souveränitätsfrage als Konflikt zwischen Parlamentsgesetzen und *common law* dar, im Hinblick auf die zentrale Doktrin des britischen Verfassungsrechts als Konflikt zwischen Parlamentssuprematie und *rule of law*. Kern des Konflikts über die äußere Souveränität ist die Frage danach, ob der Anwendungsvorrang des Europarechts, den die britischen Gerichte seit 1989/1990 innerstaatlich durchsetzen, auf dem Europarecht als autonomer Rechtsordnung oder auf dem britischen *European Communities Act* von 1972 beruht.

Die rechts- und politikwissenschaftliche Theoriebildung reagiert auf derartige unaufgelöste Konflikte mit der Ausarbeitung von Konzeptionen geteilter Souveränität, sofern Autoren nicht in grundsätzlicher Opposition gegenüber den Veränderungsprozessen verharren.[11] *T. R. S. Allan*, Professor of Public Law and Jurisprudence in Cambridge, hat eine *"conception of interdependent sovereignties"* von Parlament und Gerichten entwickelt.[12] *V. Bogdanor*, Professor of Government in Oxford, spricht von einer geteilten Souveränität zwischen den Parlamenten in London und Edinburgh.[13] In Auseinandersetzung mit *Kelsen* hat *N. W. Barber*, ein jüngerer Jurist an der Universität Oxford, darzulegen versucht, daß auch eine ausgebildete Rechtsordnung verschiedene, nicht hierarchisch geordnete *"sources of legal power"* enthalten könne; die Existenz widersprüchlicher Normen stelle die Einheit der Rechtsordnung so lange nicht in Frage, wie praktische Konfliktfälle weitgehend vermieden würden.[14]

---

[11] Derartige Grundsatzopposition begegnet sowohl auf der Seite von politisch und verfassungsrechtlich konservativen Verfassungsjuristen (pronociert *N. Johnson*, Reshaping the British Constitution, 2004) als auch auf der Seite von Juristen, die politisch dem linken Spektrum der *Labour Party* zuzuordnen sind (insbesondere *J. A. G. Griffith*, [1979] M. L. R. 1, *ders.*, [2000] M. L. R. 159).

[12] "A constitutional sovereignty is shared, not merely in the sense that the judges fill the gaps where the legislative will is either silent or obscure, but in the more fundamental sense that authority is divided between the courts and Parliament according to context and circumstance", *T. R. S. Allan*, [2003] O. J. L. S. 563, at 582–583.

[13] *V. Bogdanor*, Devolution in the United Kingdom, 1999, p. 292: "Thus, in practice, the supreme body with the power to alter the provisions of the Scotland Act will not be Westminster alone, but Westminster together with the Scottish Parliament. In so far as any major amendment of the Scotland Act is concerned, Westminster will have lost its supremacy."

[14] *N. W. Barber*, [2000] O. J. L. S. 131, at 131, 137–139.

II. Themeneingrenzung

Das Fehlen eines geschriebenen und abschließenden Verfassungsdokuments[15] bedingt, daß das britische Verfassungsrecht unterschiedliche Rechtsquellen hat, namentlich Verfassungskonventionen, Parlamentsgesetze des *Westminster Parliament* (und seit 1998 auch der Parlamente in Schottland und Nordirland) sowie Gerichtsentscheidungen, die das *common law* fortentwickeln. Diese Ausgangslage erfordert einen Rekurs auf materielle Kriterien, um das Verfassungsrecht gegenüber der sonstigen Rechtsordnung abzugrenzen.[16]

Der Kreis von Fragestellungen, die nach britischen Verständnis auf der Grundlage derartiger Kriterien verfassungsrechtliche Relevanz besitzen und deshalb in einer Studie über britische Verfassungsreformen thematisiert werden könnten, ist weit. Diese Studie zielt indes nicht auf eine Gesamtdarstellung sämtlicher Einzelreformen und Reformprojekte für die britische Verfassung. Sie werden nicht um ihrer selbst willen und damit nicht in allen Einzelaspekten thematisiert. Die Verfassungsreformen – im Plural – interessieren vor allem im Hinblick darauf, wie sie Funktion und Wirkungsweise der britischen Verfassung insgesamt verändert haben. Im Hinblick auf derartige strukturelle Aspekte kann im Singular von Verfassungsreform gesprochen werden im Sinne des soeben umrissenen britischen Begriffsverständnisses von Konstitutionalisierung als *juridification and judicialization of politics.*

---

[15] Vgl. zu Kodifikationsüberlegungen die Debatte im *House of Lords* vom 15. September 2004 (H. L. Deb., vol. 664, col. 1242) sowie *R. Brazier* [1992] Stat. L. R. 104, *ders.*, Constitutional Reform, 2nd ed. 1998, p. 7, *D. Oliver*, Constitutional Reform in the UK, 2003, p. 4–7, oder die Überlegungen bei *Lord Woolf*, [2004] C. L. J. 317, at 328–329; näher noch unten S. 51.

[16] Verfassungsrecht wird etwa verstanden als "set of laws, rules and practices that create the basic institutions of the state, and its components and related parts, and stipulate the powers of those institutions and the relationship between the different institutions and between those institutions and the individual." (Begriffsbestimmung durch das *Constitution Committee* des *House of Lords*, in: *Cabinet Office*, Guide to Legislative Procedures, October 2004, par. 28.12.). Vgl. einen ähnlichen materiellen Ansatz im *obiter dictum* von *Sir John Laws* im Urteil *Thoburn v. Sunderland City Council*, [2003] QB 151, at 186, zur Abgrenzung der dort entwickelten Kategorie der *constitutional statutes* gegenüber *ordinary statutes* (näher unten S. 87 f.): "A constitutional statute is one which (a) conditions the legal relationship between citizen and state in some general, overarching manner, or (b) enlarges or diminishes the scope of what we would now regard as fundamental constitutional rights."

III. Forschungsstand

In Großbritannien ist seit Jahren so gut wie kein verfassungsrechtlich ausgerichteter Beitrag mehr publiziert worden, der nicht Einzelaspekte oder Strukturfragen der Verfassungsreformen thematisieren würde. Sie sind regelmäßig auch Gegenstand von Wahlkämpfen gewesen, zuletzt vor den Wahlen im Mai 2005,[17] was Hinweis auf eine vergleichsweise intensive Wahrnehmung zumindest von Teilaspekten des Reformprozesses auch in der breiten Öffentlichkeit ist.

Die grundlegende Reform der britischen Verfassungsordnung ist demgegenüber in Deutschland bislang erst wenig wahrgenommen worden. Die Gesamteinschätzung der britischen Verfassung ist seit dem 19. Jahrhundert durch die Vermittlungsleistung *R. v. Gneists*[18] und die breite Rezeption *A. V. Diceys* geprägt, was sich unter anderem daran zeigt, daß dessen zentrale, 1885 erstmals publizierte Studie noch 2002 eine deutsche Übersetzung erfahren hat.[19] Einige herausragende Verfassungsreformgesetze, die die überkommenen Grundannahmen in Fragen stellen, haben in den letzten Jahren zwar für sich betrachtet Aufmerksamkeit gefunden, insbesondere die Inkorporation der EMKR in britisches Recht durch den *Human Rights Act*[20], die Gesetzgebung zur *devolution*[21] und die Errichtung eines briti-

---

[17] Vgl. die Wahlprogramme: *"Britain forward, not back"* – *The Labour Party manifesto 2005*, p. 108–110 (http://www.labour.org.uk/manifesto.html), und *"It's time for action"* – *Conservative Election Manifesto 2005*, p. 21–22 (http://www.conservatives/com/pdf/manifesto-uk-2005.pdf). Die öffentliche Wahrnehmung dieser Programme ist höher als diejenige von Wahlprogrammen vor Wahlen in Deutschland; ihnen kommt als Leitlinien der künftigen Politik eine erhebliche Bedeutung zu, unter anderem deshalb, weil angesichts der Mehrheitsverhältnisse nach den Wahlen in aller Regel keine Koalitionsvereinbarung zu treffen ist. Sie sind zudem auch von unmittelbarer verfassungsrechtlicher Relevanz, weil das Einspruchsrecht des *House of Lords* gegenüber Gesetzesvorhaben beschränkt ist, die im Wahlprogramm der obsiegenden Partei angekündigt waren und deshalb in besonderer Weise demokratisch legitimiert sind (unten S. 28 f.).

[18] *R. v. Gneist*, Das heutige englische Verfassungs- und Verwaltungsrecht, Band I, 1857; zur Rezeption englischen Verwaltungsrechts in Deutschland im 19. Jahrhundert *E. V. Heyen*, Jahrbuch für europäische Verwaltungsgeschichte 8 (1996), 163 ff.

[19] Übersetzung der 10. Auflage von *A. V. Dicey*, Lectures introductory to the law of the constitution, 2002, herausgegeben von *G. Robbers*, übersetzt von *S. Rajani* und *Ch. Meyn*). Zahlreiche englischsprachige Auflage sind in deutschen Bibliotheken vorhanden, die Erstauflage von 1885 ist umfangreich im Archiv des öffentlichen Rechts rezensiert worden durch *E. Grueber*, AöR 2 (1887), 320 ff. Neuere Entwicklungen werden demgegenüber vor allem mit Blick auf das englische Verwaltungsrecht und die Diskussionen über dessen Modernisierung wahrgenommen, vgl. *V. Mehde*, VerwArch 95 (2004), 257 ff., und *M. Ruffert*, in: E. Schmidt-Aßmann/W. Hoffmann-Riem (Hg.), Methoden der Verwaltungsrechtswissenschaft, 2004, S. 165 (172 ff., 183 ff.).

[20] *J. Rivers*, JZ 2001, 127 ff., *A. Voßkuhle*, in: von Mangoldt/Klein/Starck, Grundgesetz, Band III, 4. Aufl. 2001, Art. 93 Rdnr. 13, *M. Baum*, Der Schutz verfassungsmäßiger Rechte im englischen common law, 2004.

schen *Supreme Court*.[22] Eine neuere, übergreifende Analyse der britischen Verfassungsordnung und ihrer Reform liegt aber nur aus politikwissenschaftlicher Sicht vor: *St. Schieren* verficht die aus einer europäischen Außenperspektive zunächst naheliegende These, der Wandlungsprozeß sei Konsequenz einer Europäisierung: „Der europäische Integrationsprozeß als Verfassungsgeber"[23].

Es ist demgegenüber These der hier vorgelegten Studie, daß die britischen Verfassungsreformen zwar im Ergebnis eine gewisse Annäherung an kontinentaleuropäische Verfassungstraditionen bewirken, daß sie aber nicht primär europäische Einflüsse verarbeiten. Die britische Verfassungsdebatte ist eine Auseinandersetzung über die der eigenen Verfassung zu Grunde liegenden *common-law*-Prinzipien. Soweit europäische Einflüsse zu konstatieren sind,[24] wirken sie als Katalysatoren, die den britischen Verfassungsreformprozeß beschleunigen. Zentrale Verfassungsreformen können aber nur aus dem *common law* und der historisch gewachsenen britischen Verfassungsordnung selbst und nicht durch einen Zwang zur Verfassungshomogenität in der Europäischen Union erklärt werden.

---

[21] *M.-O. Pahl*, Jahrbuch des Föderalismus 2 (2001), S. 281 ff., *R. Palmer/Ch. Jeffery*, Jahrbuch des Föderalismus 3 (2002), S. 343 ff., *A. Schwab*, Devolution. Die asymmetrische Staatsordnung des Vereinigten Königreichs, 2002, *M. Mey*, Regionalismus in Großbritannien, 2003 (vgl. auch die Rezension durch *V. Mehde*, DÖV 2005, 172 f.), *A. Gamper*, Die Regionen mit Gesetzgebungshoheit, 2004, S. 111 ff.

[22] *G. Sydow*, ZaöRV 64 (2004), 65 ff.; vgl. auch die kurzgefaßte, tiefgründige Darstellung zur Europäisierung des britischen Verwaltungsrechtsschutzes durch *A. Grosche*, Europäisierung des Verwaltungsrechtsschutzes im Vereinigten Königreich, 2004.

[23] *St. Schieren*, Die stille Revolution, 2001, S. 19 (Magdeburger politikwissenschaftliche Habilitationsschrift). Ältere und wenig rezipierte Gesamtdarstellung durch *K. Loewenstein*, Staatsrecht und Staatspraxis von Großbritannien, 2 Bände, 1967, vgl. zudem auch den im „Arbeitskreis Deutsche England-Forschung" entstandenen Sammelband von *H. Kastendiek/Richard Stinshoff* (eds.), Changing Conceptions of Constitutional Government, 1994.

[24] Derartige Einflüsse lassen sich in verschiedenen Bereichen nachweisen (vgl. zusammenfassend unten S. 106 ff., überblicksartig auch *F. G. Jacobs*, [1999] P. L. 232). Ihnen kommt indes nicht die dominierende Bedeutung zu, die *St. Schieren* ihnen zuschreibt, indem er verkürzend allein zwei Fragekomplexe analysiert, nämlich das Verhältnis zur Europäischen Union und die Inkorporation der EMRK in britisches Recht.

§ 2 Die britische Verfassungsdebatte

Zentraler Bezugspunkt des britischen Verfassungsdenkens waren lange Zeit die Ergebnisse der *Glorious Revolution* und der in der *Bill of Rights* von 1689 niedergelegte Verfassungskompromiß. Auf dieser Grundlage hatte die Verfassung in der zweiten Hälfte des 19. Jahrhunderts durch *Sir W. Bagehot*[25] und insbesondere durch *A. V. Dicey*[26] klassische Darstellungen gefunden (I.). Die Protagonisten der konträren Hauptpositionen in der aktuellen Verfassungsdebatte (II.) nehmen jeweils für die eigene Position in Anspruch, daß es sich um eine zutreffende Lesart der Verfassungskonzeption *Diceys* handele. Die gegenwärtige Verfassungsdebatte ist deshalb nur vor dem Hintergrund der *constitutional orthodoxy* verständlich und bleibt ihr in vielfältiger Hinsicht verpflichtet.

I. *Constitutional orthodoxy* als Ausgangspunkt: *A. V. Dicey*

1. Parlamentssuprematie

Die Ausarbeitung der Doktrin der Parlamentssuprematie als zentraler Doktrin des britischen Verfassungsrechts durch *A. V. Dicey* hat das Verfassungsdenken von Generationen britischer Juristen nachhaltig beeinflußt. Positiver Inhalt dieser Doktrin ist es, daß das Parlament – *House of Commons* und *House of Lords* mit *royal assent*[27] – zu jeder Frage Gesetze be-

---

[25] *Sir W. Bagehot*, The English Constitution, 1st ed. 1867 (Neuausgabe durch *P. Smith* 2001), zu seiner verfassungsgeschichtlichen Bedeutung: *I. Ward*, [2005] P. L. 67; stark auf ihn (statt wie üblich auf *Dicey*) rekurrierend *N. Johnson*, Reshaping the British Constitution, 2004, p. 10, 18, 60 et passim.

[26] *A. V. Dicey*, Lectures introductory to the law of the constitution, 1st ed. 1885, seit der 3. Aufl. unter dem Titel "Introduction to the Study of the Law of the Constitution", bis zur 7. Aufl. von 1908 von *Dicey* ständig überarbeitet. Im folgenden wird – wie in Großbritannien üblich – in der Regel die 10. Auflage zitiert, die *E. C. S. Wade* 1959 postum herausgegeben hat und die auch der deutschen Übersetzung von *S. Rajani* und *Ch. Meyn* zu Grunde liegt. Zur Einschätzung von *Dicey* Bedeutung *M. Foley*, The politics of the British constitution, 1999, p. 24–31.

[27] Näher unten S. 28 f.

liebigen Inhalts verabschieden kann.[28] An Stelle von Suprematie wird insofern häufig synonym auch von Souveränität des Parlaments gesprochen.[29]
Es handelt sich um eine genuin englische, in den englischen Verfassungs-
kämpfen des 17. Jahrhunderts gründende Doktrin, während die – bis 1707
eigenständige – schottische Verfassungsentwicklung keine vergleichbare
Lehre kannte. *N. MacCormick* hat diese Zusammenhänge 1999 eindrück-
lich dargelegt,[30] ohne daß dadurch die Anerkennung des Parlamentssuprematie als Doktrin des geltenden Verfassungsrechts des Vereinigten Königreichs in Frage gestellt wäre.

Ein wesentlicher Aspekt der Parlamentssuprematie ist es, daß alle Parlamentsgesetze durch späteres Parlamentsgesetz aufgehoben werden können, und zwar grundsätzlich auch implizit (Möglichkeit des *implied repeal*). Dieser Aspekt wird im britischen Schrifttum meist als Problem des
entrenchment diskutiert, der Festschreibung einer Norm gegenüber späteren Änderungen durch Parlamentsgesetz, die nach überkommener Auffassung ausgeschlossen ist: *Parliament cannot bind its successor.* Sowohl die
klassischen Fundamentalgesetze seit der *Magna Charta* als auch die Verfassungsreformgesetze der letzten Jahre können deshalb nach bisherigem
Verständnis jederzeit durch Parlamentsgesetz geändert oder aufgehoben
werden[31] – vorbehaltlich politischer Bindungen, die dies in vielen Fällen
nur als theoretische Möglichkeit erscheinen lassen.

Negativer Bedeutungsinhalt der Doktrin der Parlamentssuprematie ist
die Forderung, daß kein Staatsorgan ein Parlamentsgesetz überprüfen und
ihm Wirksamkeit absprechen kann – weder die Gerichte noch Verwal-
tungsbehörden, die jedes Parlamentsgesetz zu vollziehen bzw. ihrer Rechtsprechung zu Grunde zu legen haben.[32] In dieser Kompetenzverteilung

---

[28] *A. V. Dicey*, Introduction to the Study of the Law of the Constitution, 10th ed. 1959,
p. 39–40. Aktuelle Darstellung etwa durch *O. Hood Phillips/P. Jackson/P. Leopold*, Constitutional and Administrative Law, 8th ed. 2001, ch. 3 (p. 39), und *A. Bradley*, in: J. Jowell/D.
Oliver (eds.), The Changing Constitution, 4th ed. 2000, p. 23–60; umfassend in entwick-
lungsgeschichtlicher Perspektive und unter Betonung der politischen Gestaltungsfreiheit
des Parlaments *J. Goldsworthy*, The Sovereignty of Parliament, 1999.

[29] Derartig synonyme Verwendung etwa bei *N. Johnson*, Reshaping the British Constitution, 2004, p. 102.

[30] *N. MacCormick*, Questioning Sovereignty, 1999, p. 55, zudem *M. Gardiner*, The
Cultural Roots of British Devolution, 2004, p. 134–136.

[31] So etwa eindeutig *Government of the UK, White Paper: "Rights Brought Home: The
Human Rights Bill"*, 1997, sec. 2.16, Abdruck bei *M. J. Allen/B. Thompson* (eds.), Cases
and Materials on Constitutional and Administrative Law, 6th ed. 2000, p. 538. Umstritten
ist dies wegen des Vertragscharakters allein im Hinblick auf den *Treaty of Union* von 1707,
der Schottland und England zum Vereinigten Königreich verbindet, dessen Einzelbestim-
mung freilich vielfältig modifiziert wurden, soweit sie nicht ohnehin obsolet sind.

[32] *A. V. Dicey*, Introduction to the Study of the Law of the Constitution, 10th ed. 1959,
p. 40.

zwischen Parlament und Gerichten ist der eigentliche Kern der Doktrin zu sehen, und gerade dieser Aspekt der *Dicey*'schen Lehre ist nicht mehr unumstritten.[33] Die Aussagen zum Ausschluß jeder gerichtlichen Kontrolle der Gesetzgebung beziehen sich ausschließlich auf *primary legislation* in Form eines *Act of Parliament*. Auf der Grundlage einer parlamentarischen Ermächtigung, die für exekutive Rechtsetzung seit dem *Case of Proclamations* von 1610 erforderlich ist,[34] können Minister und andere Exekutivorgane Normen erlassen, die als *delegated* oder *secondary legislation*[35] im Rang unterhalb des Parlamentsgesetzes steht. Sie unterliegt gerichtlichen Normenkontrollen an Hand des höherrangigen Parlamentsrechts.[36]

Die Doktrin der Parlamentssuprematie würde es in ihrem traditionellen Verständnis nicht ausschließen, die Normen des britischen Verfassungsrechts in einem Dokument zusammenzufassen. Es wäre aber unmöglich, dieser Verfassung normhierarchischen Vorrang vor späteren Parlamentsgesetzen einzuräumen oder ihre Änderung durch besondere Verfahrens- oder Mehrheitserfordernisse zu erschweren. Die bestehenden Teilkodifikationen britischen Verfassungsrechts, insbesondere der *Human Rights Act* von 1998, sind formal nichts anderes als einfache Parlamentsgesetze, die gerade nicht durch Vorrang und erschwerte Abänderbarkeit qualifiziert sind.[37] Eine vollständige Kodifikation des gegenwärtigen britischen Verfassungsrechts, über die zuletzt im September 2004 im *House of Lords* ausgiebig debattiert worden ist und für die ausgearbeitete Entwürfe vorliegen,[38] könnte deshalb nur eine Momentaufnahme enthalten.[39] Denn das

---

[33] Näher unten S. 19 ff.).

[34] Ähnlich wie nach Art. 80 Abs. 1 GG bedarf die *secondary legislation* grundsätzlich einer Ermächtigung in einem Parlamentsgesetz (Ausnahmen für *Orders in Council* auf der Grundlage der *royal prerogative*). Subdelegationen sind zulässig, wenn das ermächtigende Gesetz sie – zumindest implizit – zuläßt. Näher zum Ganzen O. *Hood Phillips/P. Jackson/ P. Leopold*, Constitutional and Administrative Law, 8th ed. 2001, p. 665–683; eingebettet in den Rechtsvergleich: *A. v. Bogdandy*, Gubernative Rechtsetzung, 2000, S. 285, 306.

[35] Zur Terminologie: Gemäß dem *Statutory Instruments Act 1946* werden von der Regierung erlassene Normen (*orders, rules, regulations*) unter dem Begriff der *statutory instruments* zusammengefaßt; von Lokalverwaltungen und andere *public bodies* erlassen *byelaws*. Gemeinsamer Oberbegriff ist *delegated legislation*, synonym *secondary legislation*.

[36] Zur grundsätzlichen Möglichkeit und zu den prozessualen Einzelheiten von Normenkontrollen über *secondary legislation*: O. *Hood Phillips/P. Jackson/P. Leopold*, Constitutional and Administrative Law, 8th ed. 2001, p. 671, p. 729–730.

[37] Freilich existieren verschiedene, in dieser Studie ausführlich diskutierte Ansätze, einzelnen Normen, die auf Grund materieller Kriterien zum Verfassungsrecht gerechnet werden, einen gewissen Vorrang einzuräumen und sie einer einfachen Änderung durch spätere Parlamentsgesetzgebung zu entziehen (vgl. S. 84 ff.). Das führt aber in keinem Fall dazu, daß hierüber der Normenbestand des Verfassungsrechts insgesamt abgegrenzt werden könnte.

[38] Debatte vom 15. September 2004 mit insgesamt 30 Redebeiträgen (H. L. Deb., vol. 664, col. 1242). Zu den Möglichkeiten und dem Nutzen einer solchen Vollkodifikation

Parlament könnte auch nach Verabschiedung eines solchen Verfassungsdokuments ohne besondere Verfahrens- oder Mehrheitserfordernisse und außerhalb der kodifizierten Verfassung Normen mit verfassungsrechtlichem Inhalt erlassen. Die Kodifikationsüberlegungen sind unter anderem aus diesem Grund[40] kein Reformprojekt, das in absehbarer Zeit eine realistische Verwirklichungschance hätte.

2. Rule of law

Der zweite Teil der Untersuchung *Diceys* mit zehn umfangreichen Kapiteln ist der *rule of law* gewidmet, die er auch als *supremacy of law* bezeichnet.[41]

a) Einzelelemente der rule of law

Rule of law bedeutet für *Dicey* zunächst die unbedingte Geltung des Rechts und den Ausschluß jeder Willkür einer einzelnen Person.[42] Eingriffe in Freiheit und Eigentum sind nur zulässig, wenn die Rechtsordnung, wie sie von den ordentlichen Gerichten des Landes interpretiert wird, dies zuläßt. Wenn niemand über dem Recht steht, sondern ihm jedermann gleichermaßen unterworfen ist, ist ein Sonderrecht der öffentlichen Verwaltung nach Vorbild des französischen *droit administratif* ausgeschlossen:[43]

---

etwa *R. Brazier* [1992] Stat. L. R. 104, und *D. Oliver*, Constitutional Reform in the UK, 2003, p. 4–7, für den Fall einer Mißachtung traditioneller Freiheiten und Rechte im Wege der Parlamentsgesetzgebung auch *Lord Woolf*, [2004] C. L. J. 317, at 328–329; sehr skeptisch inzwischen zur Realisierungschance eines solches Projekts *R. Brazier*, Constitutional Reform, 2nd ed. 1998, p. 7.

[39] Teilweise findet sich der Versuch, diesen Besonderheiten des britischen Verfassungsrechts durch Groß- und Kleinschreibung Rechnung zu tragen: *Constitution* als Verfassung mit normhierarchischem Vorrang und in der Regel erschwerter Abänderbarkeit und besonderen Regeln zu ihrer Abänderung, *constitution* demgegenüber als das in Großbritannien mögliche, einheitliche Verfassungsdokument, dessen Normen aber gerade die genannten Qualifikationen fehlen würden (so *D. Oliver*, Constitutional Reform in the UK, 2003, p. 6–7).

[40] Vgl. die Argumentation von *Lord Norton of Louth* (Vorsitzender des *Constitution Committee* des *House of Lords*) in der erwähnten Parlamentsdebatte vom 15. September 2004 (H. L. Deb., vol. 664, col. 1247–1248.).

[41] *A. V. Dicey*, Introduction to the Study of the Law of the Constitution, 10th ed. 1959, p. 183–414, "supremacy of law": p. 187 et passim.

[42] *A. V. Dicey*, Introduction to the Study of the Law of the Constitution, 10th ed. 1959, p. 188, p. 202.

[43] Die Abgrenzung gegenüber dem *droit administratif* französischer Prägung fällt bei *Dicey* betont deutlich aus; ihr wird ein umfangreiches Kapitel gewidmet: *A. V. Dicey*, Introduction to the Study of the Law of the Constitution, 10th ed. 1959, p. 328–404.

Die Verwaltung bedient sich der Rechtsinstrumente, die auch den Privatrechtsverkehr prägen, und jeder Amtsträger ist persönlich nach allgemeinen Schadensersatzgrundsätzen für sein Handeln verantwortlich. Ein Selbsttitulationsrecht der Verwaltung existiert nicht, Forderungen gegen Bürger sind vor den Gerichten einzuklagen.

Zentrale Elemente der *rule of law* sind für *Dicey* schließlich die Freiheiten der Person. Sie werden nicht durch die Verfassung selbst gewährt, sondern haben ihre Grundlage im *common law*. Ihre Reichweite wird durch Gerichtsentscheidungen präzisiert.[44]

b) Verhältnis der rule of law zur Doktrin der Parlamentssuprematie

Dicey widmet ein eigenes Kapitel dem Verhältnis zwischen Parlamentssuprematie und *rule of law*.[45] Sie stünden weder in einem Gegensatz, noch seien sie sich wechselseitig beschränkende Prinzipien. Vielmehr würden Parlamentssuprematie und *rule of law* sich in ihrer Geltung gegenseitig stützen. *Dicey* begründet diese Aussage zunächst damit, daß der parlamentarische Wille einer bestimmten Form bedürfe, nämlich eines *Act of Parliament*, und damit der Zustimmung beider Parlamentskammern und des Monarchen. Dies sei keine reine Formfrage, sondern eine materielle Sicherung gegenüber despotischen Gesetzesinhalten.[46] Das Parlament sei an diese Form gebunden und könne Gerichtsentscheidungen nur durch den schriftlich fixierten und gerichtlich interpretierten Gesetzestext beeinflussen, nicht hingegen durch sonstige Formen parlamentarischer Willensäußerung, etwa durch Debattenbeiträge.[47]

Die *rule of law* war für *Dicey* insbesondere deshalb eine Sicherung gegen Machtmißbrauch, weil er von einem Gegensatz zwischen Parlament und Regierung ausging und die Folgen eines parlamentarischen, parteipolitisch dominierten Regierungssystems – nämlich Interessenidentität von Parlamentsmehrheit und Regierung – bei ihm auch in den späteren Auflagen seiner Studie nicht voll verarbeitet waren. Er argumentiert folgendermaßen: Die der *rule of law* unterworfene Regierung müsse zur Durchsetzung ihrer

---

[44] *A. V. Dicey*, Introduction to the Study of the Law of the Constitution, 10th ed. 1959, p. 195 und die Kapitel ab p. 206.

[45] *A. V. Dicey*, Introduction to the Study of the Law of the Constitution, 10th ed. 1959, p. 406–414.

[46] *A. V. Dicey*, Introduction to the Study of the Law of the Constitution, 10th ed. 1959, p. 407.

[47] Erst die Entscheidung des *House of Lords* in der Sache *Pepper v. Hart*, [1993] A. C. 593, hat dies modifiziert und einen begrenzten Rückgriff auf parlamentarische Aussagen im Gesetzgebungsprozeß zur Gesetzesinterpretation zugelassen, dazu u. a. *Lord Steyn*, [2001] O. J. L. S. 59, und *A. Kavanagh*, [2005] L. Q. R. 121.

Politik die Zustimmung des Parlaments erreichen. Die *rule of law* begrenze so die Machtvollkommenheit der Regierung. Die Parlamentssuprematie sei vor diesem Hintergrund ein notwendiges Korrektiv der *rule of law*. Denn nur die Kompetenz das Parlaments, das Recht jederzeit zu ändern, eröffne der Regierung die Möglichkeit, unter Bindung an die *Acts of Parliament* und unter Kontrolle durch die Gerichte ihre Regierungsfunktionen wahrzunehmen.[48]

Eine verfassungsrechtliche Sicherung gegen Willkürakte des Parlaments ist in der Konzeption *Diceys* nicht enthalten. Gleichwohl hat seine Argumentationsführung für britische Verfassungsjuristen lange Zeit hohe Überzeugungskraft besessen. Der Willkürakt erschien als undenkbar: Auch wenn das Parlament die Kompetenz habe, in Schottland eine *Episcopal Church* einzuführen, die Kolonien zu besteuern oder die Monarchie abzuschaffen – so die Beispiele *Diceys* –, werde dies *"in the present state of the world"* nicht geschehen.[49] Es erschien *Dicey* als unnötig, diese außerrechtliche Voraussetzung für seine Verfassungskonzeption verfassungsrechtlich zu garantieren. Die heutige Kritik an seiner Konzeption setzt gerade an diesem Fehlen normativer Bindungen der Parlamentsgesetzgebung an.[50]

3. Unterscheidung von constitutional laws und constitutional conventions

Das Verfahren der politischen Willensbildung in Parlament und Regierung war in der überkommenen britischen Verfassungsordnung nur in einem geringen Maße durch bindende normative Vorgaben determiniert. Ein großer Teil der Verhaltensregeln des politischen Prozesses besteht bis heute aus Verfassungskonventionen. Sie sind teils ungeschrieben, teils geschrieben, aber nicht notwendig publiziert. Regelmäßig werden sie beachtet, ohne daß sie normativ für verbindlich erachtet würden. Im Konfliktfall sind sie nicht gerichtlich durchsetzbar.

A. V. Dicey hat dementsprechend zwei Typen von Verfassungssätzen unterschieden: *constitutional laws* und *constitutional conventions*.[51] Abgrenzungskriterium war für ihn nicht schriftliche Fixierung, sondern

---

[48] *A. V. Dicey*, Introduction to the Study of the Law of the Constitution, 10th ed. 1959, p. 411.

[49] *A. V. Dicey*, Introduction to the Study of the Law of the Constitution, 10th ed. 1959, p. 79.

[50] Zu Forderungen etwa von *Sir J. Laws*, *T. Allan* und *Lord Woolf* nach normativen, gerichtlich durchsetzbaren Bindungen der Parlamentsgesetzgebung unten S. 19 ff.).

[51] *A. V. Dicey*, Introduction to the Study of the Law of the Constitution, 10th ed. 1959, p. 417–473.

normative Verbindlichkeit und gerichtliche Durchsetzbarkeit. Verfassungssätze seien entweder gerichtlich durchsetzbar; sie bildeten dann das Verfassungsrecht, unabhängig davon, ob sich die Regel in einem Parlamentsgesetz oder im ungeschriebenen *common law* finde. Oder einem Verfassungssatz fehlt normative Verbindlichkeit: Es handele sich in diesem Fall um eine Verfassungskonvention, die zwar die Verfassungspraxis steuere, deren Beachtung aber nicht gerichtlich durchsetzbar sei (*Diceys* spricht von *rules*, die nicht *laws* seien).[52] Einer großen Anzahl von Verfassungssätzen, die wie selbstverständlich Thema seines Werkes über das *Law of the Constitution* waren, fehlten die gerichtliche Durchsetzbarkeit und damit im *Dicey*'schen Verständnis der Rechtscharakter.

II. Positionen in der aktuellen Verfassungsdebatte

Die Vielschichtigkeit der gegenwärtigen verfassungstheoretischen, verfassungsrechtlichen und verfassungspolitischen Diskussionen über die britische Verfassung kann zur Strukturierung der Debatte auf wenige konkurrierende Konzeptionen zurückgeführt werden. Sie werden zunächst kurz umrissen (1.) und in den nachfolgenden beiden Abschnitten (2. und 3.) näher analysiert.

1. Überblick über Grundpositionen

a) Konkurrierende Verfassungskonzeptionen

Die Lehren *Diceys* gelten heute als *constitutional orthodoxy*.[53] Sie sind nach wie vor von prägendem Einfluß. Ihre Unangefochtenheit haben sie indes verloren; manchen erscheinen sie bereits als britisches *"ancien régime"*.[54]

---

[52] "The one set of rules are in the strictest sense ,laws' since they are rules (whether derived from statute or the ... common law) enforced by the courts; ... The other set of rules consists of conventions, understandings, habits or practices which, though they may regulate the conduct of ... officials, are not in reality laws at all since they are not enforced by the courts.", *A. V. Dicey*, Lectures introductory to the Law of the Constitution, 1885, p. 23–24.

[53] *Orthodoxy* ist zur Bezeichnung des *Dicey*'schen Verfassungsverständnisses weit verbreitet, etwa *G. Anthony*, UK Public Law and European Law, 2002, p. 75, oder *R. Ekins*, [2003] L. Q. R. 127, at 127; vgl. auch *A. Tomkins*, [2002] O. J. L. S. 157, at 159, der von der "19th century Diceyan constitutional analysis" spricht und damit darauf verweist, daß dies unter mehreren möglichen Lesarten der britischen Verfassung eine ganz bestimmte, zudem zeitgebundene Interpretation sei.

[54] Begriff bei *A. Gamble*, in: H. Kastendiek/R. Stinshoff (eds.), Changing Conceptions of Constitutional Government, 1994, p. 3.

Denn neben dieses überkommene Verfassungsverständnis sind zwei diametral entgegengesetzte Neukonzeptionen getreten. Schlüsselbegriffe zu ihrer Kennzeichnung sind: *political* oder *law-based constitution*, *majority rule* oder *limited government*, *political checks* oder *judicial review*, *supremacy of Parliament* oder *supremacy of the constitution* bzw. *judicial supremacy*. Die beiden entgegengesetzten Konzeptionen knüpfen jeweils an Teilaspekte der *Dicey*'schen Lehre an und sind deshalb nur auf der Folie der *constitutional orthodoxy* verständlich. Für alle Positionen wird *Dicey* in Anspruch genommen – bisweilen auch explizit *"a different Dicey"* im Vergleich zu dem, was üblicherweise als seine Verfassungskonzeption ausgegeben wird.[55] Insofern können beide Verfassungskonzeptionen trotz ihrer Gegensätzlichkeit als unterschiedliche Lesarten der *Dicey*'schen Konzeption verstanden werden. Auch in dieser Unverzichtbarkeit von *Dicey* als Autorität erweist sich sein fortwirkender, prägender Einfluß.[56]

Eine der beiden konkurrierenden Deutungen *Diceys* beruht auf einer Verabsolutierung der Parlamentssuprematie: In den 1930er Jahren ist sie zu einem reinen Mehrheitsprinzip fortentwickelt worden, das weder verfassungsrechtlichen noch politischen Schranken unterliege. Die britische Verfassung sei eine politische, keine rechtsnormative Verfassung. Entwickelt wurde dieses Verfassungsverständnis vor allem im Umfeld der *Labour Party*, die es als Möglichkeit aufgegriffen hat, das eigene sozialistische Wirtschafts- und Sozialprogramm ohne verfassungsrechtliche Bindungen zu verwirklichen. Ziel sei es, *"to govern with the constitution rather than be governed by it."*[57] Es ist nicht zentrale Aufgabe des Rechts, das Handeln der Exekutive zu begrenzen, sondern ihre Aktivitäten rechtlich zu ermöglichen. Im Zentrum steht – in deutscher Terminologie – nicht die Freiheit vom Staat, sondern Freiheit durch den Staat. Auf der Grundlage einer in Großbritannien verbreiteten Farbmetaphorik, die *C. Harlow* und *R. Rawlings* in Anknüpfung an die Signalfarben von Verkehrsampeln in den 1980er Jahren zur Kennzeichnung der konkurrierenden Verfassungspositionen eingeführt hatten,[58] werden diese Positionen als *green-light*-Theorien bezeichnet.

---

[55] So *T. R. S. Allan*, Law, Liberty, and Justice, 1993, p. 2.

[56] Dieser prägende Einfluß *Diceys* läßt sich auch an der Häufigkeit ablesen, mit der er im Vergleich zu anderen klassischen Autoren in gängigen Darstellungen des britischen Verfassungsrechts zitiert wird (vgl. die aufschlußreiche statistische Aufstellung bei *M. Foley*, The politics of the British constitution, 1999, p. 35): *Dicey* ist in allen herangezogenen Darstellungen der meistzitierte Autor; unter allen Zitaten entfallen je nach Lehrbuch zwischen 31 % und 84 % auf *Dicey*, d. h. er ist teilweise fast die einzige zitierte Autorität.

[57] *D. Ewing*, [2004] M. L. R. 734, at 736.

[58] *C. Harlow/R. Rawlings*, Law and Administration, 1st ed. 1984, ch. 1 – 2, dazu *M. Taggart*, [1999] P. L. 124

Sie haben mit gewissen Modifizierungen bis heute Anhänger im akademischen Schrifttum,[59] prägen aber die gegenwärtigen Verfassungsreformen nicht mehr: Die Unterschiede zwischen der *"political constitution of the past"* und der gegenwärtigen Verfassung sind erheblich.[60] Denn *New Labour* hat sich nicht nur von einem sozialistischen Wirtschafts- und Sozialprogramm gelöst, sondern seit dem Wahlerfolg von 1997 auch zahlreiche Verfassungsreformen durchgesetzt, die dem Konzept einer *political constitution* entgegenlaufen.[61]

Herausgefordert wird die *constitutional orthodoxy* im Sinne *Diceys* heute primär durch einen anderen Gegenentwurf.[62] Er betont nicht die Parlamentssuprematie, sondern das zweite Kernelement seiner Lehren, die *rule of law*, als grundlegendes Prinzip der britischen Verfassungsordnung. Begriffsbildungen wie *legal constitution, limited government* oder *judicial supremacy* stellen unterschiedliche Aspekte dieser Konzeption in den Vordergrund. Von ihren Verfechtern wird sie als liberale Konzeption der *rule of law* ausgewiesen,[63] ihren Gegnern erscheint sie als *"liberal-legal attack on politics"*[64]. Diese Verfassungskonzeption impliziert normative Grenzen für das Handeln der Mehrheit, die von den Gerichten kontrolliert werden können; zentrale Bedeutung kommt gerichtlich durchsetzbaren Menschenrechten zu. Das Recht ist unabhängig von der Politik und ihr übergeordnet. Seine Aufgabe ist es, staatliche Aktivität zu begrenzen; Ideal ist der Minimalstaat. In der Farbmetaphorik von *C. Harlow* und *R. Rawlings* handelt es sich um *red-light*-Theorien.[65]

---

[59] Protagonist *G. A. Griffith*, in abgeschwächter Weise *A. Tomkins*, näher unten S. 17 ff.

[60] *D. Nicol*, [1999] J. L. S. 131, at 149.

[61] Zur Verfassungspolitik der *Labour Party* und ihren Veränderungen im Lauf der Zeit *R. Brazier*, Constitutional Reform, 2nd ed. 1998, p. 38–55, *N. Burrows*, Devolution, 2000, p. 19–22; das Wahlprogramm von 2005 läßt für die nächsten Jahre keine Änderung des verfassungspolitischen Konzepts erwarten: *"Britain forward, not back"* – The Labour Party *manifesto 2005*, p. 110 (http://www.labour.org.uk/manifesto.html).

[62] Näher unten S. 19 ff.

[63] So der Untertitel von *T. R. S. Allan*, Constitutional Justice, 2001. Seine Konzeption ist dem politischen Liberalismus in der Prägung *F. A. Hayeks* verpflichtet, Eingangszitate von *Hayek* sollen die Nähe explizit machen, so bei *T. R. S. Allan*, Law, Liberty, and Justice, 1993, p. V., mit Zitat von *F. A. Hayek*, The Constitution of Liberty, London 1960, p. 181, das in der Tat eine große gedankliche Affinität nahelegt: "... even constitutions are based on, or presuppose, an underlying agreement on more fundamental principles – principles which may never have been explicitly expressed, yet which make possible and precede the consent and the written fundamental laws ... Constitutionalism means that all power rests on the understanding that it will be exercised according to commonly accepted principles, that the persons on whom power is conferred are selected because it is thought that they are most likely to do what is right, not in order that whatever they do should be right."

[64] *A. Tomkins*, [2002] O. J. L. S. 157, at 161–162.

[65] Wenn sie stärker auf verfassungsrechtlichen Grundrechtsschutz fokussieren, werden sie auch als *amber-light*-Theorien bezeichnet im Anschluß an eine Differenzierung in der

b) Diskussionsebenen: Verfassungstheorie, Verfassungspolitik, Verfassungsrecht

Die Vielschichtigkeit der britischen Verfassungsdebatte rührt auch daher, daß sie auf verfassungstheoretischer, verfassungsdogmatischer und verfassungspolitischer Ebene geführt werden kann. Nicht immer ist eindeutig, ob eine einzelne Aussage verfassungsdogmatischer oder verfassungspolitischer Art sein soll, und manche Argumentationsgänge sehen sich dem Vorwurf einer Verwechselung von Argumentationsebenen ausgesetzt.[66] Die Auseinandersetzung zwischen *constitutional orthodoxy* und *limited government* ist über weite Strecken eine verfassungspolitische Debatte über Notwendigkeit und Ziel von Verfassungsreformen: Ausdruck sind rechtspolitische Forderungen, der Gestaltungsfreiheit der Parlamentsmehrheit durch Individual- und Minderheitenrechte, Gewaltenteilung und Dezentralisierung verfassungsrechtliche Grenzen zu setzen. Verschiedene Verfassungsreformgesetze aus den Jahren seit 1998 haben diese rechtspolitischen Forderungen aufgenommen: Die ungeschriebene Verfassung erweist sich als wandelbar.[67]

Von anderen wird diese Auseinandersetzung als verfassungstheoretische Debatte geführt.[68] Einzelne britische Verfassungsjuristen behaupten seit den 1990er Jahren in Abgrenzung gegenüber rechtspolitischen Reformforderungen, daß normative Grenzen für den parlamentarischen Gesetzgeber bereits der bestehenden, überkommenen Verfassungsordnung inhärent seien. Sie müßten nicht erst durch Verfassungsreformgesetze geschaffen werden, sondern könnten unmittelbar durch die Gerichte gegenüber dem Parlament durchgesetzt werden: Die ungeschriebene Verfassung erweist sich in diesem Verständnis nicht als gesetzlich veränderbar, sondern als interpretationsoffen. Dementsprechend müssen Verfechter des tradierten Verfassungsverständnisses ebenfalls auf verschiedenen Ebenen argumentieren: Sie müssen nachweisen, daß die Parlamentssuprematie die

---

Zweitauflage von *C. Harlow/R. Rawlings*, Law and Administration, 1997, ch. 2 – 5. Pointierter Überblick und Abgrenzung zwischen *red-* und *amber-light*-Theorien bei *A. Tomkins*, [2002] O. J. L. S. 157, at 158–161.

[66] So *R. Ekins*, [2003] L. Q. R. 127, at 127–131, in Auseinandersetzung mit *Lord Woolf*, *Sir John Laws* und *Trevor Allan*: Sie würden ihr eigenes verfassungspolitisches Konzept des *limited government* in unzulässiger Weise als Interpretation der bestehenden Verfassung ausgeben.

[67] Zur Flexibilität der Verfassung als eines ihrer charakteristischen Merkmale etwa *Sir J. Laws* [1995] P. L. 72, at 81.

[68] Explizit etwa *T. R. S. Allan*, Constitutional Justice. A liberal theory of the rule of law, 2001.

zentrale Doktrin des bestehenden Verfassungsrechts ist, und sie zugleich rechtspolitisch gegenüber Reformforderungen verteidigen.[69]

2. Die britische Verfassung als political constitution

a) Die Verfassung als Instrument der Politik

Das Konzept einer politischen Verfassung war bei *Dicey* angelegt, aber an die *rule of law* rückgebunden, für die er bezeichnenderweise auch *supremacy of law* verwendet.[70] Für ein Verfassungsverständnis, nach der die Verfassung dem politischen Prozeß keinerlei normative Grenzen setzt, sondern mit ihm in letzter Konsequenz identifiziert wird, kann *Dicey* deshalb nicht in Anspruch genommen werden.[71] Erst in den 1930er Jahren ist ein solches Verfassungsverständnis – in der oben umrissenen Farbmetaphorik eine *green-light*-Theorie – im Umfeld der aufstrebenden *Labour Party* propagiert worden. Die Verfassung wurde als Instrument gedeutet, die eigenen sozialistischen wirtschafts- und sozialpolitischen Vorstellung politisch umzusetzen: die Verfassung als *enabling constitution*[72], das Recht als Instrument der Politik. Dementsprechend wird vielfach nicht von *constitutional law*, sondern von *constitutional arrangements* oder *constitutional settlements* gesprochen,[73] ohne daß dieser Sprachgebrauch als ungewöhnlich auffiele. Die legislative Suprematie des britischen Parlaments ist nicht allein zentrales Charakteristikum der britischen Verfassung, sondern der einzige Verfassungssatz überhaupt. Mehrheitsentscheidungen unterliegen keinen normativen Grenzen: ein unmodifizierter *ma-*

---

[69] Deutliche Trennung der Diskussionsebenen bei *R. Ekins*, [2003] L. Q. R. 127, at 127–131.

[70] *A. V. Dicey*, Introduction to the Study of the Law of the Constitution, 10th ed. 1959, p. 187 et passim.

[71] Vgl. insb. das bereits oben (S. 11 f.) diskutierte Schlußkapitel in *Diceys* Darlegungen zur *rule of law*: *A. V. Dicey*, Introduction to the Study of the Law of the Constitution, 10th ed. 1959, p. 406–414.

[72] Begriff bei *D. Ewing*, [2004] M. L. R. 734, at 738, 744; vgl. auch die Passage auf Seite 736: "The progressives of the 1930s sought to govern with the constitution rather than be governed by it."

[73] Derartige Begriffsverwendungen sind häufig und finden sich auch bei Autoren, die nicht dem Konzept einer politischen Verfassung in der Tradition von *Jennings* und *Griffith* anhängen, etwa bei *J. Steyn*, [2002] L. Q. R. 382, at 384, *D. Woodhouse*, The Office of Lord Chancellor, 2001, p. 15, p. 18, *Government of the UK, White Paper: "Rights Brought Home: The Human Rights Bill"*, 1997, sec. 2.13. (Abdruck bei: *M. J. Allen/B. Thompson* (eds.), Cases and Materials on Constitutional and Administrative Law, 6th ed. 2000, p. 538); "*constitutional settlement*" bei *A. King*, Does the United Kingdom still have a constitution?, 2001, p. 79.

joritarianism. Von derartigen Grundpositionen aus mußte insbesondere das jahrzehntealte Projekt einer britischen *Bill of Rights* auf Widerstand stoßen.

Zentrale Monographie für diese Position und in gewisser Weise politisches Manifest der *Labour Party* war seit den 1930er Jahren *The Law and the Constitution*, verfaßt von *I. Jennings.*[74] Einer der Protagonisten der aktuellen Verfassungsdebatte, *J. A. Griffith*,[75] hat das aus diesen Grundannahmen resultierende Konzept einer politischen Verfassung in vielzitierter Weise formuliert: *"The constitution is no more and no less than what happens. Everything that happens is constitutional. And if nothing happened that would be constitutional also."*[76]

Konflikte über individuelle Rechte im Verhältnis zur Hoheitsgewalt und über staatliche Kompetenzen sind seiner Auffassung nach in erster Linie Machtfragen und politische Konflikte, die von gewählten und abwählbaren Politikern, nicht aber von Richtern entschieden werden sollen. Seiner Auffassung liegt nicht zuletzt ein erhebliches Mißtrauen gegenüber der Richterschaft zu Grunde, dessen tieferer Grund für *Griffith* in der überwiegend konservativen Grundüberzeugung und der speziellen Sozialisation britischer Richter liegt. Er begründet seine Auffassung aber auch funktionell unter Hinweis auf die begrenzten Erkenntnismöglichkeiten eines Gerichtsverfahrens. Den Richtern Entscheidungskompetenzen in Verfassungsfragen zu überantworten, berge die Gefahr einer zum Totalitarismus führenden Richterherrschaft. Denn die Richterschaft unterliege nicht dem demokratischen Prozeß, sondern werde sich unvermeidbar von ihm verselbständigen, sobald sie die Kompetenz habe, politische Fragen zu entscheiden.[77]

b) *"In defence of the political constitution"*

Verschiedene Autoren knüpfen heute an dieses politische Verfassungsverständnis an und versuchen, politische Gestaltungsfreiräume gegenüber zunehmenden Verrechtlichungs- und Judizialisierungstendenzen zu verteidigen. Bereits der eben zitierte Beitrag von *J. A. Griffith* war eine apologetische Verteidigung der überkommenen, auf der Doktrin der Par-

---

[74] *I. Jennings*, The Law and the Constitution, fünf Auflagen zwischen 1932 und 1959. *Jennings* war Mitglied der *Labour*-nahen *Fabian Society* und Professor an der *London School of Economics;* detaillierte Analyse seiner Position aus heutiger Sicht durch *D. Ewing*, [2004] M. L. R. 734.

[75] Ebenfalls langjähriger Professor an der *London School of Economics.*

[76] *J. A. G. Griffith*, [1979] M. L. R. 1, at 19.

[77] Zugespitzt *J. A. Griffith*, [2000] M. L. R. 159; Gegenposition etwa durch *J. Jowell*, [1999] P. L. 448, noch deutlicher *ders.*, [2000] P. L. 671.

lamentssuprematie aufbauenden Verfassungsordnung, wie *Griffith* und andere sie verstanden, gegenüber der Konzeption des *limited government*. Verschiedene Beiträge sind explizit *"in defence of politics"* bzw. *"in defence of the political constitution"* geschrieben.[78]

Autoren wie *M. Loughlin*, *A. Tomkins* oder *P. Pettit* propagieren, etwa in Anknüpfung an Arbeiten *Hannah Arendts*, einen *republican constitutionalism* in bewußtem Gegensatz zur Konzeption des *limited government*. Dieser Republikanismus ist nicht als antimonarchische Position mißzuverstehen. Es geht darum, die Möglichkeiten politischer Gestaltung zu nutzen, die eine politische Verfassung bietet, und bürgerschaftliches Engagement einzufordern und zu aktivieren. Ausgangspunkt ist die Sorge, daß die Demokratie durch einen Rückzug vieler Bürger in die Privatsphäre oder die Konzentration auf das eigene wirtschaftliche Wohlergehen Schaden nehmen könne.[79] Freiheit dürfe nicht als Abwehr von Eingriffen mißverstanden werden, sondern sei als Freiheit von Fremdbestimmung zu verstehen.[80] Die politische Gestaltungsfreiheit, die die britische Verfassung biete, sei nicht zu fürchten und nicht durch rechtsnormative Bindungen zu beschränken, sondern in rechter Weise zu nutzen.

3. Der Gegenentwurf: Limited government

a) Ursprung und gesellschaftlicher Hintergrund der Konzeption

Die Verfassungskonzeption des *limited government* haben als Ziel einer Verfassungsreform in den 1970er Jahren insbesondere *Lord Scarman* und *Lord Hailsham* propagiert, der damalige *Shadow Lord Chancellor* und spätere *Lord Chancellor* in der Regierung *Thatcher*.[81] Zentrale Reformschritte der Jahre seit 1998 wurden bereits in ihren Schriften gefordert, einschließlich der Errichtung eines *Supreme Court* zum Schutz von Minderheiten- und Menschenrechten, die der Disposition einfacher Parlamentsmehrheiten entzogen sind. Zur Begründung seiner verfassungspolitischen Reformforderungen hat *Lord Hailsham* 1978 eine Analyse der britischen Gesellschaft vorgelegt, in der er Tendenzen zur Desintegration, zum Klassenkampf und zu *"politics of envy"* ausmachte.[82] Vor diesem gesellschaft-

---

[78] *A. Tomkins*, In Defence of the Political Constitution, [2002] O. J. L. S. 157.

[79] *M. Loughlin*, Sword and Scales, 2000, p. 189, mit entsprechendem Zitat von Tocqueville, aufgegriffen bei *A. Tomkins*, [2002] O. J. L. S. 157, at 169.

[80] *A. Tomkins*, [2002] O. J. L. S. 157, at 172.

[81] *Lord L. Scarman*, English Law – The New Dimension, 1974, p. 81–82, *Lord Hailsham*, The Dilemma of Democracy, 1978, p. 11–13, p. 217–221.

[82] *Lord Hailsham*, The Dilemma of Democracy, 1978, p. 219.

lichen Hintergrund erschien die unbegrenzte Macht, die die überkommene britische Verfassungsordnung der jeweiligen Parlamentsmehrheit zugestand, als freiheitsgefährdend, insbesondere in der radikalen Interpretation der Doktrin der Parlamentssuprematie durch *Jennings* oder *Griffith*. Der Gestaltungsfreiheit der Mehrheit müßten deshalb durch Individual- und Minderheitenrechte, Gewaltenteilung und Dezentralisierung rechtliche Grenzen gesetzt werden. Diese Argumentation aus der individuellen Freiheit und ihrem gerichtlichen Schutz kehrt immer wieder: Die Verfassung müsse der politischen Gestaltung normative Grenzen setzen, um Freiheitseingriffe auf ein notwendiges Minimum zu begrenzen.[83]

Die Konzeption des *limited government* beschränkt sich indes nicht auf eine Begründung von Abwehransprüchen um der individuellen Freiheit willen, sondern zielt ebenso auf den Schutz der Demokratie vor ihrer Selbstaufhebung: Eine politische Verfassung biete keinen Schutz vor Tyrannei.[84] Zentrales Charakteristikum der überkommenen Verfassung sei nicht die Parlamentssuprematie, sondern *"elective dictatorship"*[85]. Die Verfechter dieser Konzeption bestreiten deshalb, daß ihr Ansatz die demokratische Legitimation des Parlaments gegen eine historisch begründete Legitimation der Gerichte aus dem *common law* ausspiele.[86]

Für zahlreiche Verfassungsreformen, die zur Verrechtlichung der *political constitution* beitragen und der jeweiligen Parlamentsmehrheit Bindungen auferlegen, besteht heute ein breites Reformklima in großen Teilen des wissenschaftlichen Schrifttums[87] und des parteipolitischen Spektrums.[88]

---

[83] Zur Konzeption von „*negative rights*" im Sinne von Abwehrrechten *Sir J. Laws*, [1996] P. L. 622, at 627–630.

[84] *T. R. S. Allan*, Constitutional Justice, 2001, p. 261–262; *Sir J. Laws*, [1995] P. L. 72, at 81.

[85] *Lord Hailsham*, The Dilemma of Democracy, 1978, p. 9–11; der konservative Kritiker des gesamten Verfassungsreformprozesses *N. Johnson* ist der Auffassung, daß Tendenzen zum *elective dictatorship* in den letzten Jahren, namentlich seit dem Wahlsieg von *New Labour* von 1997, noch zugenommen hätten, daß also das gesamte Reformprojekt das propagierte Ziel verfehle, *N. Johnson*, Reshaping the British Constitution, 2004, p. 308–315.

[86] Verbreitet sind Versuche des *"reconciling"* von Demokratie und Grundrechtsbindung, explizit etwa im Titel von *C. A. Gearty*, [2002] L. Q. R. 248; ähnlich auch das Konzept einer *"shared sovereignty"* (von Parlament und Gerichten) von *T. R. S. Allan*, [2003] O. J. L. S. 563, at 563.

[87] Der reformabgeneigte Teil der britischen Verfassungsrechtler vermittelt den Eindruck, sich der unterstellten Unausweichlichkeit dieser Modernisierungstendenzen zu fügen und eher nostalgisch zurückzublicken (vgl. die Einschätzung bei *A. Gamble*, Between Europe and America, 2003, p. 22–25); anders aber pronociert *N. Johnson*, Reshaping the British Constitution, 2004.

[88] Die *Conservative Party* votiert aus ihrer Oppositionsrolle in den letzten Jahren zwar meist gegen die Verfassungsreformprojekte von *New Labour*, aber auch sie verfügte mit *Lord Hailsham* als einem der führenden konservativen Politiker und Verfassungsjuristen in den 1970er und 1980er Jahre über einen prominenten Vertreter der Konzeption des *li-*

Die Konzeption des *limited government* hat auch in der Verfassungspraxis von Parlament und Gerichten vielfältigen Niederschlag gefunden: Die Verfassungsreformen und Verfassungsreformprojekte seit 1998 nehmen die Reformkonzeption des *limited government* auf und setzen es im Wege der Parlamentsgesetzgebung um. Unabhängig von dieser Reformgesetzgebung haben auch die Gerichte zahlreiche Lehren entwickelt, die ihre eigenen Kontrollkompetenzen stärken und der Parlamentsmehrheit gewisse Bindungen auferlegen.[89]

b) Limited government als Interpretation der bestehenden Verfassungsordnung

Einzelne Verfechter der Konzeption des *limited government* behaupten nicht allein, dieser Gegenentwurf zur politischen Verfassung sei als verfassungspolitisches Konzept überlegen. Sie sind vielmehr der Auffassung, daß diese Verfassungskonzeption eine zutreffende Interpretation der bestehenden britischen Verfassungsordnung sei. Die Gerichte verfügten über eine im *common law* begründete Kompetenz, einem Parlamentsgesetz wegen Verstoßes gegen ungeschriebene materielle Prinzipien des *common law* die Wirksamkeit abzusprechen. Diese weiterreichende Auffassung wird seit einigen Jahren von mehreren renommierten Richtern und Verfassungsjuristen vertreten, nämlich dem *Lord Chief Justice of England and Wales, Lord Woolf,* dem Richter am *Court of Appeal Sir John Laws* und dem *Professor of Public Law and Jurisprudence* am Pembroke College der Universität Cambridge, *Trevor Allan.* Sie bilden unter britischen Richtern und Verfassungsjuristen eine Minderheit, deren Argumentation indes sehr ernst genommen wird, wie die Vielzahl von Beiträgen zeigt, die ihre Auffassung zu widerlegen versuchen.

Ihre verfassungsrechtliche Argumentation gründet auf einem Zweischritt: Grundprinzip der britischen Verfassung sei die *rule of law*, und sie sei kein rein formales, sondern ein materielles Prinzip, das insbesondere die Geltung von Grundrechten beinhalte. In der rechtstheoretischen Unterscheidung von Prinzipien des *common law* und Regeln der parlamentsbeschlossenen *statutes* greift dieser Ansatz explizit auf *Dworkin* zurück.[90]

---

mited government. Für die *Liberal Democrats* gehören Verfassungsreformen wie der Erlaß eines Grundrechtskatalogs seit langem zu ihren programmatischen Zielen. Seit den 1990er Jahren sind sie zudem zu einem Projekt von *New Labour* geworden, nachdem die Partei unter Vorsitz von *Tony Blair* einen erheblichen inneren Wandlungsprozeß durchgemacht und sich von sozialistischen Positionen weitgehend gelöst hatte.

[89] Im einzelnen unten S. 70 ff.

[90] Explizit etwa *T. R. S. Allan*, Law, Liberty, and Justice, 1993, p. 11, p. 80; *A. Tomkins*, [2002] O. J. L. S. 157, at 170 spricht von *Dworkin* als "godfather of liberal-legalism".

Lord Woolf versteht die *rule of law* als fundamentales Zwillingsprinzip der Verfassung, das einerseits die Suprematie des Parlaments in dessen legislatorischer Funktion umfasse. Das zweite *rule-of-law*-Prinzip sei die Stellung der Gerichte als Letztentscheidungsorgane für die Interpretation und Anwendung des Rechts.[91] Parlament und Gerichte bezögen beide gleichermaßen ihre Kompetenzen aus der *rule of law* und seien ihren Prinzipien deshalb gleichermaßen unterworfen. Die Gerichte hätten deshalb die Parlamentsgesetzgebung zu achten, das Parlament die tradierte Stellung der Gerichte. Sollte das Parlament – eigentlich undenkbar – diese Kontrollfunktion der Gerichte zu beseitigen versuchen, seien die Gerichte legitimiert und gehalten, das unter normalen Umständen Undenkbare zu tun, nämlich ein solches Gesetz für unwirksam zu erklären.[92]

Trevor Allan begründet die postulierte gerichtliche Normenkontrollkompetenz folgendermaßen: Die Doktrin der Parlamentssuprematie sei aus dem *common law* abgeleitet; ihr genauer Inhalt und ihre Grenzen seien deshalb richterrechtlich bestimmt. Das Parlament sei souverän, weil (und damit: soweit) die Gerichte diese Souveränität anerkennen. Ein anderer Geltungsgrund für die Parlamentssuprematie sei nicht erkennbar, insbesondere könne sie nicht ihrerseits auf gesetzlicher Grundlage beruhen, ohne daß die Geltungsbegründung zirkulär würde.[93] Die Gesetzgebung könne deshalb *common-law*-Prinzipien anerkennen und als gesetzliche Regeln ausgestalten oder ihnen im Einzelfall die Anerkennung verweigern. Sie könne aber nicht das *common law* insgesamt durch eine konkurrierende Lesart der Verfassung – die unbegrenzte Parlamentssuprematie – ersetzen.[94] Die Parlamentssuprematie stand danach stets auf tönernen Füßen. Denn in der *Glorious Revolution* von 1688 hatte das Parlament über die Krone triumphiert, nicht über die Gerichte.[95] Weder in der *Bill of Rights* noch sonst in einem Verfassungsdokument findet sich ein Hinweis auf die Suprematie des Parlaments. Sie beruhte und beruht nach dieser Auffassung allein darauf, daß die britischen Gerichte die Parlamentsgesetze als höchste

---

[91] Ähnlich die Sachbereichsunterscheidung bei *J. Laws*, [1995] P. L. 72, at 92–93, zwischen *judicial* und *elective power*: Der Gesetzgeber habe Kompetenzen im Hinblick auf Fragen der Sozial- und Wirtschaftspolitik, während es Aufgabe und Kompetenz der Gerichte sei, individuelle Rechte zu schützen, die jenseits der politischen Debatte stünden.

[92] *Lord Woolf*, [1995] P. L. 57, at 68–69, ebenso *T. R. S. Allan*, Law, Liberty, and Justice, 1993, p. 69.

[93] *T. R. S. Allan*, Law, Liberty, and Justice, 1993, p. 10, ders., [2004] C. L. J. 685, at 686.

[94] *T. R. S. Allan*, Law, Liberty, and Justice, 1993, p. 11, vgl. auch *ders.*, [2004] C. L. J. 685, at 686: "An Act of Parliament is a contribution to an existing order of (common law) justice, which it supplements and modifies but never wholly supplants. It takes its true meaning form an understanding of the law as a whole."

[95] Zur heutigen Bedeutung der 1688er-Revolution für das britische Verfassungsrecht *Ph. Norton*, [1989] P. A. 135.

Form des Rechts anerkennen: *"Parliamentary sovereignty is the gift of the courts; and what the courts have given, the courts could conceivably take back."*[96]

Die Verfechter dieser Auffassung betonen übereinstimmend, daß die Nichtigerklärung eines Parlamentsgesetzes durch die britischen Gerichte nur in sehr unwahrscheinlichen Extremfällen in Betracht komme. Sie streben keine materielle Kontrolldichte an, wie sie etwa das Bundesverfassungsgericht über die Gesetzgebung in Deutschland ausübt.[97] Respektiert wird auch eine seit dem 19. Jahrhundert von niemandem in Frage gestellte Grenze gerichtlicher Kontrollkompetenzen in formeller Hinsicht, die meist mit Gewaltenteilungsaspekten begründet wird: Die innerparlamentarische Willensbildung und damit das Gesetzgebungsverfahren sind von jeder gerichtlichen Normenkontrolle ausgenommen.[98]

Die Bestimmung der materiellen Kontrollmaßstäbe, die die britischen Gerichte an die Parlamentsgesetzgebung anzulegen legitimiert seien, fällt häufig vage aus. *Lord Woolf* spricht etwa davon, daß die Gerichte Gesetze mit unhaltbaren Inhalten für nichtig erklären müßten, die kein Demokrat akzeptieren könne.[99] Im wesentlichen lassen sich drei teilweise überschneidende Fallgruppen ausmachen: elementare Menschenrechtsverstöße, Einschränkungen demokratischer Rechte, die auf eine Selbstaufhebung der Demokratie durch das Parlament hinauslaufen, und eine Aufhebung der gerichtlichen Kontrollfunktionen gegenüber hoheitlicher Machtausübung.

Als Standardbeispiele der ersten Fallgruppe, nämlich elementare Menschenrechtsverstöße, denen die Gerichte Wirksamkeit absprechen müßten, werden regelmäßig die Ausbürgerung aller Juden, das Verbot religionsver-

---

[96] *D. Nicol*, [1999] J. L. S. 135, at 137; diese historische Begründung ist freilich alles andere als unbestritten: *I. Jennings* hat etwa auf den Ursprung der Parlamentssuprematie in den bewaffneten Konflikten vor der *Bill of Rights* und dem *Act of Settlement* verwiesen und deshalb bestritten, daß es sich um eine richterliche Schöpfung handele: *I. Jennings*, The Law and the Constitution, p. 38, dazu *K. D. Ewing*, [2004] M. L. R. 734, at 737.

[97] *T. R. S. Allan*, Law, Liberty, and Justice, 1993, p. 282 und passim, noch deutlicher *ders.*, [2003] O. J. L. S. 563, at 571–573.

[98] *Pickin v. British Railway Board*, [1974] A. C. 765. Diese Grenze des *judicial review* ist durch die Gesetzgebung von 1998 auch auf Gesetzgebungsverfahren der *devolved bodies*, also etwa des schottischen Parlamentes, übertragen worden. Sofern Gesetzesbeschlüsse den *royal assent* erhalten haben, unterliegen sie keiner Kontrolle im Hinblick auf die Einhaltung von Verfahrensbestimmungen, deren Mißachtung die Gesetzesgeltung nicht in Frage stellen kann; im Hinblick auf das schottische Parlament: für die gerichtliche Kompetenzkontrolle *sec. 29 (1) Scotland Act 1998*, für die Unbeachtlichkeit von Verfahrensfehlern (und damit ihre fehlende gerichtliche Überprüfbarkeit) *sec. 28 (5) Scotland Act 1998*.

[99] *Lord Woolf*, [1995] P. L. 57, at 69.

schiedener Ehen und die Enteignung rothaariger Frauen angeführt.[100] Eine
zweite Fallgruppe von Parlamentsgesetzen, die die Gerichte für nichtig erklären müßten, bilden solche Gesetze, die Grundanforderungen des demokratischen Systems aufheben wollten: Die *rule of law* verhindere, daß die
Demokratie sich in eine gewählte Diktatur verwandeln könne.[101] *Trevor
Allan* nennt als Beispiel ein Gesetz, das Bevölkerungsgruppen das Wahlrecht entziehen würde, die tendenziell in Opposition zur Regierungspoli-
tik stehen.[102] Vom Boden der traditionellen Doktrin der Parlamentssuprematie wäre ein solches Problem nicht mehr verfassungsrechtlich lösbar:
Dicey erklärte ein solches Gesetz für formal gültig; es würde freilich faktisch erheblichen Widerstand herausfordern.[103] Drittens sei schließlich die
Kontrollfunktion der Gerichte gegenüber Regierung und Gesetzgeber einer gesetzlichen Aufhebung entzogen: Ein Parlamentsgesetz, das die Befugnis der Gerichte zur Ausübung des *judicial review* insgesamt aufheben
würde, wäre nichtig. Denn diese Kontrollfunktion gründe im *common law*
und sei als Teil der *rule of law* unverzichtbares Element der Gewaltenteilung.[104]

III. Resümee: Zum Stand der Verfassungsdebatte

Die Ansätze von *Lord Woolf, Sir John Laws* und *Trevor Allan* haben
grundsätzlichen Widerspruch und Warnungen vor einer *judicial supremacy*[105] an Stelle der Parlamentssuprematie provoziert. *Griffith* schreibt
etwa giftig über die *"brave new world"* des *Sir John Laws*.[106] Die Kritik
bezieht sich teilweise auf die verfassungspolitische Zielvorstellung des *limited government* als solche: Autoren wie *Loughlin, Tomkins* und *Oliver*
setzen dem ihre Entwürfe eines *republican constitutionalism* entgegen. Ein
weiterer Vorwurf ist methodischer Art: *Woolf, Laws* und *Allan* würden
eine verfassungstheoretische Konzeption als geltendes britisches Verfassungsrecht ausgeben.[107] Für diese Annahme fehlten aber überzeugende

---

[100] Bspw. *Lord Woolf*, [1995] P. L. 57, at 69.

[101] *Lord Woolf*, [2004] C. L. J. 317, at 321.

[102] *T. R. S. Allan*, Law, Liberty, and Justice, 1993, p. 282; *Sir J. Laws*, [1995] P. L. 72,
at 81.

[103] *A. V. Dicey*, Introduction to the Study of the Law of the Constitution, 10th ed. 1959,
p. 79.

[104] *Lord Woolf*, [1995] P. L. 57, at 68–69, ebenso *T. R. S. Allan*, Law, Liberty, and Justice,
1993, p. 69.

[105] Begriff bei *R. Ekins*, [2003] L. Q. R. 127 im Titel, ebenso *Lord Irvine*, The Times,
3. Nov. 1995, zitiert nach *D. Nicol*, [1999] J. L. S. 131, at 149.

[106] *J. A. G. Griffith*, [2000] M. L. R. 159.

[107] *R. Ekins*, [2003] L. Q. R. 127, at 132–139.

Anhaltspunkte in der britischen Verfassungspraxis, insbesondere derjenigen der Gerichte.[108]

Die Auseinandersetzungen haben ihren bisherigen Höhepunkt 2004 in den Diskussionen und parlamentarischen Debatten über einen asylrechtlichen Gesetzentwurf der Regierung gefunden, den *Asylum and Immigration (Treatment of Claimants etc.) Bill 2004.* Dieser Gesetzentwurf sah eine Änderung des *Nationality, Immigration and Asylum Act 2002*[109] vor: Für Asylstreitigkeiten sollte ein *Tribunal* eingesetzt und gleichzeitig der Zugang zu den *common-law*-Gerichten ausgeschlossen werden. Die Errichtung dieses *Tribunal* war nicht Kern der Kritik und ist nicht ungewöhnlich, denn derartige sachnahe und spezialisierte Spruchkörper sind in Bereichen der Massenverwaltung ein vielfach genutztes Instrument zur Entlastung der *common-law*-Gerichte.[110] Während aber gegen Entscheidungen aller bislang bestehenden *appeal tribunals* ein Rechtsmittel an die Gerichte zulässig ist, sollte das neue *Tribunal* als einzige Instanz Rechtsschutz gegenüber asylrechtlichen Entscheidungen gewähren, also kein Zugang zu den *common-law*-Gerichten bestehen.[111]

Die Vorlage dieses Gesetzentwurfs hat *"something close to a constitutional crisis"*[112] provoziert – und zwar im Sinne des griechischen *krinein:* Wenn der Gesetzentwurf verabschiedet worden wäre, hätte sich an einer konkreten Streitfrage entscheiden müssen, ob das Parlament einen Ausschluß gerichtlicher Kontrollkompetenzen, wie er in diesem Gesetzentwurf vorgesehen war, tatsächlich durchsetzen kann. Die verbale Schärfe der Auseinandersetzung[113] verdeutlicht, daß um mehr als um eine prozeß-

---

[108] *J. Goldsworthy*, [2003] O. J. L. S. 483, at 499.

[109] Gesetzentwurf eingebracht als *Asylum and Immigration (Treatment of Claimants etc.) Bill* im November 2003; zu den parlamentarischen Beratungen *A. Le Sueur*, [2004] P. L. 225, at 229–233.

[110] *O. Hood Phillips/P. Jackson/P. Leopold*, Constitutional and Administrative Law, 8th ed. 2001, p. 684–693.

[111] Die vorgesehenen Bestimmungen für *sec. 108A Nationality, Immigration and Asylum Act 2002* lauteten:

"(1) No court shall have any supervisory or other jurisdiction (whether statutory or inherent) in relation to the Tribunal.

(2) No court may entertain proceedings for questioning (whether by way of appeal or otherwise)

(a) any determination, decision or other action of the Tribunal ...".

[112] So *A. Le Sueur*, [2004] P. L. 225, at 225.

[113] Etwa "fundamentally in conflict with the rule of law", so *Lord Woolf*, [2004] C. L. J. 317, at 328, oder der Vorwurf, ein derartiger Gesetzentwurf wäre selbst für eine Diktatur erstaunlich (erhoben in einer schriftlichen Stellungnahme des *Bar Council of England and Wales* zum Gesetzentwurf) oder *"Immigration Wars"* (Titel eines Beitrags von *J. Jowell* in *The Guardian*, March 2, 2004), beide nachgewiesen bei *A. Le Sueur*, [2004] P. L. 225, at 233, vgl. zudem *Lady Justice M. Arden*, The Independence of the Judiciary and the Relationship between the Judiciary and Parliament, Manuskript 2004, p. 8.

rechtliche Spezialfrage des Asylrechts gestritten wurde: Die Frage, ob die Gerichte ein parlamentsbeschlossenes Gesetz auf Grund ihrer eigenen verfassungsrechtlichen Stellung für nichtig erklären könnten, wurde nicht mehr allein im Hinblick auf theoretisch konstruierte, sehr unwahrscheinliche Extremfälle diskutiert, sondern im Hinblick auf einen realen Gesetzentwurf.

Mehrere Verfassungsjuristen, die bislang die radikalen Auffassungen von *Lord Woolf, Sir John Laws* und *Trevor Allan* nicht geteilt hatten, hielten es in dieser konkreten Konfliktsituation für denkbar und zulässig, daß die Gerichte die Klausel für nichtig erklären würden.[114] *Lord Woolf* als *Lord Chief Justice of England and Wales* hat zwar nicht mit der gerichtlichen Mißachtung der Klausel gedroht, falls sie Gesetz würde; der Gesetzentwurf sei aber *"fundamentally in conflict with the rule of law and should not be contemplated by any government if it had respect for the rule of law. … If this clause were to become law, it would be so inconsistent with the mutual respect between the different arms of government that it could be a catalyst for a campaign for a written constitution. … The response of the government and of the House of Lords to the chorus of criticism of clause 11 will produce the answer to the question of whether our freedoms can be left in their hands under an unwritten constitution."*[115]

Die Regierung hat es vorgezogen, den Konflikt mit den Gerichten nicht auszufechten, sondern die Klausel während der zweiten Lesung im *House of Lords* im März 2004 zurückzuziehen. Der Konfliktfall hat offenbart, daß die Verfassungslage offen und der Grundsatzkonflikt nicht ausgetragen ist.

---

[114] *J. Jowell*, The Guardian, March 2, 2004, und *M. Fordham* im Bericht des *Constitutional Affairs Committee* für das *House of Commons*, beide nachgewiesen bei *A. Le Sueur*, [2004] P. L. 225, at 233.

[115] *Lord Woolf*, [2004] C. L. J. 317, at 328–329, ähnlich vehemente Ablehnung bei *A. Le Sueur*, [2004] P. L. 225, at 233.

§ 3 Akteure des britischen Verfassungsreformprozesses

Verfassungsreformen konnten unter der überkommenen Verfassung ausschließlich durch das Parlament als Gesetzgeber bewirkt werden oder durch die Regierung und einzelne Minister, deren Handlungen Verfassungskonventionen prägen und modifizieren. Wenn als Akteure des gegenwärtigen Verfassungsreformprozesses demgegenüber auch die Gerichte zu benennen sind, so ist bereits dies Ausdruck eines grundlegenden Verfassungswandels: Die Gerichte haben durch den Verfassungsreformprozeß nicht nur zahlreiche Kompetenzen gewonnen, sondern sie haben diesen Prozeß maßgeblich selbst vorangetrieben.[116]

I. Das Parlament

Das britische Parlament ist für den Verfassungsreformprozeß in verschiedenen Funktionen von Bedeutung: Verfassungsändernder Gesetzgeber ist *Queen in Parliament*; vor allem das *House of Lords* nimmt in den letzten Jahren die Aufgabe wahr, im Gesetzgebungsverfahren die Verfassungsmäßigkeit von Gesetzesvorlagen zu überprüfen; schließlich war das *House of Lords* bis 2005 oberstes Gericht und hatte damit bislang auch Funktionen eines *constitutional court* des Vereinigten Königreichs.[117]

---

[116] *D. Nicol*, [1999] J. L. S. 131, at 150; vgl. insofern auch *Sir Th. Legg*, [2001] P. L. 62: "In the century now opening, the judges are clearly to have an increased role in the constitution." Zur Bedeutung, die der Rechtsprechung in der britischen Rechtsordnung generell zukommt: *Lord Hope of Craighead*, in: R. Schulze/U. Seif (Hg.), Richterrecht und Rechtsfortbildung in der Europäischen Rechtsgemeinschaft, 2003, S. 145 ff.

[117] Begriff *constitutional court* im Hinblick auf das *House of Lords* bei *D. Woodhouse*, The Office of Lord Chancellor, 2001, p. 203, *V. Bogdanor*, Devolution in the United Kingdom, 1999, p. 293, und *P. Maxwell*, in: P. Carmichael/B. Dickson (eds.), The House of Lords, 1999, p. 197. Näher zu den gerichtlichen Kompetenzen des *House of Lords* und ihrer Übertragung auf einen *Supreme Court* unten S. 37 ff. und S. 42 ff.

1. Queen in Parliament als verfassungsändernder Gesetzgeber

Die britische Verfassungsordnung kennt keine formale Unterscheidung zwischen einfachen Gesetzen und Verfassungsgesetzen. Die verbreiteten materiellen Unterscheidungen bzw. Umschreibungen des Verfassungsrechts[118] haben nicht zur Konsequenz, daß Gesetze mit Verfassungscharakter in einem besonderen Verfahren oder mit qualifizierten Mehrheiten beschlossen und geändert würden. Gesetzgeber und Verfassungsgesetzgeber lassen sich deshalb nicht unterscheiden – schon die begriffliche Differenzierung findet keine Entsprechung in der britischen Verfassungsterminologie. Auch die französischen *termini technici,* nämlich *pouvoirs constitués* und *pouvoir constituant constitué,* sind in der britischen Verfassungsterminologie nicht rezipiert.

Formaler Gesetzgeber – und damit verfassungsändernder Gesetzgeber – ist *Queen in Parliament*: Ein Gesetzesbeschluß bedarf der Zustimmung beider Parlamentskammern und des *royal assent.* Gesetzesvorlagen können entweder zunächst im *House of Lords* oder im *House of Commons* eingebracht werden und werden dann zunächst in dieser Kammer abschließend beraten. Die Verfahrensregeln beider Kammern sehen mehrere Lesungen vor, zwischen denen Ausschußberatungen liegen können.[119]

Die gewählte Mehrheit des *House of Commons* hat heute Gestaltungsmöglichkeiten, die durch die Zustimmungserfordernisse des Monarchen und des *House of Lords* faktisch kaum beschränkt sind. Denn der *royal assent* wird auf der Grundlage einer Verfassungskonvention stets erteilt, und das Vetorecht des *House of Lords* ist in einer längeren Auseinandersetzung mit dem *House of Commons* immer weiter eingeschränkt worden: Der *Parliament Act 1911* hatte das Vetorecht zunächst in ein suspensives Veto umgewandelt, der *Parliament Act 1949* hat den Suspensiveffekt auf ein Jahr verkürzt. Nach der *Salisbury Convention* verzichtet das *House of Lords* schließlich gänzlich auf die Einlegung eines Vetos gegen solche Gesetzentwürfe, deren Einbringung bereits im Wahlprogramm der obsiegenden Partei angekündigt worden war und deren Verwirklichung demnach in besonderer Weise demokratisch legitimiert ist.[120] Wegen dieser Dominanz des *House of Commons* im politischen Prozeß sind die in Deutschland nach wie vor gebräuchlichen Bezeichnungen für das *House of Lords* als Oberhaus – *upper chamber* – und für das *House of Commons* als Unterhaus im poli-

---

[118] Oben S. 4.

[119] Umfassend über mehrere Hundert Seiten: *Cabinet Office*, Guide to Legislative Procedures, October 2004; kurzgefaßte Darstellung bei *O. Hood Phillips/P. Jackson/P. Leopold*, Constitutional and Administrative Law, 8th ed. 2001, p. 242–250.

[120] Zu den Einzelheiten etwa *A. Carroll*, Constitutional and Administrative Law, 3rd ed. 2003, p. 167–169.

tisch-rechtlichen Sprachgebrauch in Großbritannien schon seit längerem nicht mehr nachweisbar. In der Regel wird das *House of Lords* entsprechend seiner tatsächlichen Bedeutung als *second chamber* bezeichnet.[121]

2. Verfassungsrechtliche Kontrollfunktionen des Parlaments

Die ungeschriebene Verfassungsordnung Großbritanniens eröffnet der Regierung und der sie stützenden Mehrheit im *House of Commons* die Möglichkeit, durch einfaches Parlamentsgesetz weitreichende Reformvorstellungen wirtschaftlicher, sozialer oder auch verfassungsrechtlicher Art durchzusetzen. Die Gefahren, die ein unbegrenztes Mehrheitsprinzip birgt, sind der Grund für Forderungen nach justitiablen Grenzen dieser Gestaltungsmacht und nach Kontrollmöglichkeiten über die Gesetzgebung an Hand normativer Maßstäbe.[122] Die klassische Antwort der britischen Verfassungslehre auf das Mißbrauchsproblem liegt im Verweis auf politische Bindungen der Mehrheit. Während dies nach traditionellem Verfassungsverständnis materielle Bindungen waren, deren Respektierung ohne weiteres gewährleistet erschien und deshalb nicht verfahrensrechtlich abgesichert war, sind in den letzten Jahren Kontrollmechanismen im Gesetzgebungsverfahren institutionalisiert worden. Eine besondere Bedeutung kommt insofern den parlamentarischen Beratungen im *House of Lords* zu.[123]

a) Das House of Lords als Hüter der Verfassung[124] im Gesetzgebungsverfahren

Die *Wakeham*-Kommission zur Reform des *House of Lords*[125] hatte 2000 als eine der künftigen Kernaufgabe des *House of Lords* empfohlen, diese Kammer solle im Gesetzgebungsverfahren sicherstellen, daß materielle

---

[121] Etwa *Royal Commission on the Reform of the House of Lords*, A House for the Future, 2000, p. 48 et passim, oder *R. Brazier*, Constitutional Reform, 2nd ed. 1998, p. 85.

[122] Siehe oben S. 15 und S. 19 ff.

[123] Zur Vorabkontrolle der Verfassungsmäßigkeit von Regierungsvorlagen innerhalb der Regierung vor der Einbringung ins Parlament unten S. 35 f.

[124] Der Begriff weckt aus deutscher Perspektive Assoziationen an die Stellung des Reichspräsidenten unter der Weimarer Verfassung; ohne derartige Assoziationen steht er bei *R. Hazell*, [2004] P. L. 495, at 499: Parlamentsausschüsse des *House of Lords* als *"guardians of legal and constitutional values"*.

[125] *Royal Commission on the Reform of the House of Lords*, eingesetzt nach dem Wahlsieg von *New Labour* von 1997 unter Vorsitz von *Lord Wakeham*; Vorlage des im folgenden zitierten Abschlußberichts im Januar 2000 (Bericht abrufbar unter: www.archive. official-documents.co.uk/document/cm45/4534/4534.htm).

Verfassungsänderungen nur nach umfangreicher Debatte und im Bewußtsein ihrer Tragweite beschlossen werden.[126] Zurückgewiesen wurden weiterreichende Forderungen, dem *House of Lords* bei Entscheidungen über Verfassungs- und Grundrechtsfragen stärkere formale Entscheidungskompetenzen zu übertragen, als es nach den *Parliament Acts* von 1911 und 1949 im allgemeinen hat. Denn die Verwirklichung derartiger Forderungen hätte nicht nur eine eindeutige Antwort auf die Abgrenzungsprobleme zwischen einfachen und Verfassungsgesetzen erfordert, sondern auch die politische Dominanz des *House of Commons* untergraben.[127] Das *House of Lords* solle deshalb – so die Folgerung des *Wakeham*-Berichts – seine Kontrollfunktionen vielmehr allein durch seine Autorität und eine öffentliche Diskussion von Gesetzesvorlagen ausüben.

Diese Überlegungen stehen in engem Zusammenhang mit der Gesamtreform des *House of Lords*,[128] die die *Labour Party* vor ihrem Wahlsieg von 1997 angekündigt hatte. Während sich die Überlegungen zunächst auf die Mitgliedschaft im *House of Lords* konzentriert hatten,[129] wurde schnell deutlich, daß es eines Gesamtkonzepts zur Funktion dieser Parlamentskammer bedürfe, um von dieser Basis aus Mitgliedschaftsfragen entscheiden zu können. Während die Existenz einer zweiten Kammer von niemandem ernsthaft in Frage gestellt wird, besteht aber bis heute wenig Klarheit über die Funktionen, die diese Kammer in der künftigen Verfassungsordnung Großbritanniens ausüben könnte.[130] Relativ eindeutig ist, daß das *House of Lords* nicht Oppositionsfunktionen im Verhältnis zur gewählten, regierungstragenden Mehrheit im *House of Commons* wahrnehmen soll. Denn für eine solche Funktion fehlt es an unmittelbarer demokratischer

---

[126] *Royal Commission on the Reform of the House of Lords, A House for the Future*, 2000, p. 48.

[127] *Royal Commission on the Reform of the House of Lords, A House for the Future*, 2000, p. 49–53.

[128] Aus den Diskussionen *M. Rush* und *N. Baldwin*, in: P. Carmichael/B. Dickson (eds.), The House of Lords, 1999, p. 7–28, p. 29–52, *M. Russell*, Reforming the House of Lords, 2000.

[129] Zentraler Reformschritt war die Beendigung der Mitgliedschaft für die Mehrzahl der erblichen *Lords* durch den *House of Lords Act 1999*, die bis auf weiteres das Recht erhielten, aus ihrer Mitte eine kleine Zahl von *Lords* zu wählen, die ihren Sitz zunächst behalten haben; Ziel der völligen Abschaffung erblicher Sitze formuliert durch: *Department for Constitutional Affairs, Consultation Paper "Next steps for the House of Lords"*, 2003, p. 12–13.

[130] Bezeichnend sind die Titel regierungsamtlicher Dokumente: Während im November 2001 noch ein Weißpapier unter dem Titel *"The House of Lords – Completing the Reform"* publiziert wurde, werden seitdem nur noch *next steps* für die Reformen skizziert, ohne daß noch eine Vorstellung über das endgültige Reformziel benannt würde: *Department for Constitutional Affairs, Consultation Paper "Next steps for the House of Lords"*, 2003. Grundsätzlich zu möglichen Funktionen und Besetzungen von Zwei-Kammer-Parlamenten *Th. Groß*, ZaöRV 63 (2003), 29 ff.

Legitimation der *Lords* und zudem an einer Notwendigkeit, da die Oppositionsrolle durch die Minderheitsfraktion im *House of Commons* ausgeübt wird. Statt dessen hat das *House of Lords* in Umsetzung der Empfehlungen der *Wakeham*-Kommission, teilweise auch schon vorher, Aufgaben einer Verfassungsmäßigkeitskontrolle übernommen.

b) Ausübung der Verfassungsmäßigkeitskontrolle durch spezialisierte Parlamentsausschüsse

Die verfassungsrechtlichen Kontrollfunktion des Parlaments werden im Gesetzgebungsverfahren durch spezialisierte Parlamentsausschüsse ausgeübt. Ihre einzige Aufgabe liegt darin, die Verfassungsmäßigkeit bzw. Teilaspekte der Verfassungsmäßigkeit (*constitutionality*[131]) der Gesetzgebung sicherzustellen. Die Prüfungsmaßstäbe sind relativ unbestimmt und werden von den Ausschüssen weitgehend selbständig definiert.[132] Da die Ausschüsse aber nur Empfehlungen aussprechen, wird dies nicht als Problem wahrgenommen.

Zwei dieser Parlamentsausschüsse gehen auf den *Wakeham*-Bericht zur Reform des *House of Lords* vom Januar 2000 zurück. Ein dritter Ausschuß besteht im *House of Lords* bereits seit 1992, und zwar für ein spezielles Problem bzw. für Gesetzesvorlagen mit einem speziellen Inhalt, nämlich für gesetzliche Ermächtigungen der Regierung, im Wege der *secondary legislation* Normen zu erlassen. Das *Delegated Powers and Regulatory Reform Committee* überprüft jeden Gesetzesvorschlag, der eine Ermächtigungsklausel zur administrativen Rechtsetzung enthält. Der Prüfungsmaßstab ist den Bestimmtheitsanforderungen des Art. 80 Abs. 1 S. 2 GG vergleichbar.[133] Sofern eine Gesetzesvorlage der Regierung eine Ermächtigungsklausel enthält, muß das zuständige Ministerium dem Ausschuß ein

---

[131] Begriff in diesem Zusammenhang bei *R. Hazell*, [2004] P. L. 495, at 495.

[132] Das *Constitution Committee* prüft am selbstdefinierten Maßstab eines "set of laws, rules and practices that create the basic institutions of the state, and its components and related parts, and stipulate the powers of those institutions and the relationship between the different institutions and between those institutions and the individual" (in: *Cabinet Office*, Guide to Legislative Procedures, October 2004, par. 28.12.). Für das *Joint Committee on Human Rights* ist der Prüfungsmaßstab präziser vorgegeben: primär die in britisches Recht inkorporierte EMRK, zudem die übrigen vom Vereinigten Königreich ratifizierten Menschenrechtsverträge. Zum Kontrollmaßstab des DPRRC vgl. die folgende Fußnote.

[133] "The committee looks at every single Bill to scrutinise what powers are proposed. We guard against what are simply enabling, or, as the jargon calls them 'skeleton' Bills which would simply enable the government to legislate by statutory instrument. We police the boundaries of powers, often requiring them to be defined with greater precision. We look at the forms of parliamentary control over regulation", so der frühere Vorsitzende des Ausschusses, *Lord Alexander of Weedon*, zitiert nach *R. Hazell*, [2004] P. L. 495, at 496.

Memorandum unterbreiten, das Zweck und Notwendigkeit der Klausel darlegt. Der Ausschuß erarbeitet auf dieser Grundlage zu einem frühen Zeitpunkt des Gesetzgebungsverfahrens eine Empfehlung. Nach dem *Guide of Legislative Procedures* des *Cabinet Office* wäre es ungewöhnlich und würde *"careful handling"* erfordern, falls die Regierung einer Empfehlung zur Änderung oder Streichung einer Ermächtigungsklausel nicht nachkommen wollte.[134] Tatsächlich finden diese Empfehlungen nahezu durchgängig Berücksichtigung.[135]

Das *House of Lords* hat 2001 zwei weitere Ausschüsse eingesetzt, die in Umsetzung des *Wakeham*-Berichts im Gesetzgebungsverfahren Verfassungskontrollfunktionen übernehmen. Das *Constitution Committee* des *House of Lords* hat die Aufgabe, *"to examine the constitutional implications of all public Bills coming before the House; and to keep under review the operation of the constitution."*[136] Der Ausschuß verfügt über eine hohe verfassungsrechtliche Fachkompetenz: Vorsitzender ist *Lord Norton of Louth*, der als Professor *Ph. Norton* mehrfach zu Fragen der Verfassungsreform publiziert hat. Gleiches gilt für Professor *A. Bradley*, der 2002 zum ständigen Rechtsberater des Ausschusses ernannt wurde. Der Ausschuß kann zudem im Einzelfall Sachverständige anhören. Auf dieser Grundlage gibt er Stellungnahmen zu Gesetzentwürfen ab und kann verlangen, daß Minister Gesetzesvorlagen vor dem Ausschuß erläutern und verteidigen. Bislang hat sich das *Constitution Committee* noch nicht als zentrale Institution der Verfassungskontrolle etabliert;[137] es verfügt aber auf Grund seiner Aufgabe und Fachkompetenz über ein entsprechendes Potential.

Der dritte dieser Parlamentsausschüsse, das *Joint Committee on Human Rights*, ist paritätisch mit Parlamentsabgeordneten beider Kammern besetzt. Auch dieser Ausschuß verfügt über einen ständigen Rechtsberater; seit 2004 ist dies *M. Hunt*, der in Menschenrechtsfragen wissenschaftlich bestens ausgewiesen ist.[138] Im Gegensatz zum *Delegated Powers and Regulatory Reform Committee* erhält der Menschenrechtsausschuß kein detailliertes Memorandum der Regierung über jeden Gesetzentwurf, der Grundlage der Prüfung sein könnte, sondern nur die im *Human Rights Act* vorgeschriebene, einzeilige Erklärung des zuständigen Ministers, der Gesetzentwurf sei mit den Gewährleistungen der EMRK vereinbar.[139]

---

[134] *Cabinet Office*, Guide to Legislative Procedures, October 2004, par. 28.6.

[135] *R. Hazell*, [2004] P. L. 495, at 496.

[136] Einsetzungsbeschluß des *House of Lords*, in: *Cabinet Office*, Guide to Legislative Procedures, October 2004, par. 28.10.

[137] So die Einschätzung bei *R. Hazell*, [2004] P. L. 495, at 499.

[138] *M. Hunt*, Using Human Rights Law in English Courts, 1997, *ders.*, [1998] P. L. 423., *ders.* (ed.), Assessing the impact of the Human Rights Act 1998, 1999, *ders.*, [2004] Y. E. L. 483.

[139] *Sec. 19 (1) HRA 1998*; vgl. aber die Hinweise bei *R. Hazell*, [2004] P. L. 495, at 498,

Die Autorität dieser Ausschüsse und die Effektivität ihrer Verfassungskontrolle lassen sich einerseits an den hohen Erfolgsquoten für ihre Ände-
rungsvorschläge ablesen.[140] Sie verdeutlichen, daß die Regierung den Empfehlungen der Ausschüsse überwiegend nachkommt und Gesetzentwürfe
entsprechend modifiziert. Eine weitere Wirkung der Ausschußtätigkeit
läßt sich zwar nicht durch Erfolgsquoten belegen, erscheint aber ebenso
plausibel: Nach Beobachtungen des langjährigen Rechtsberaters des *Human Rights Committees* antizipiere die Regierung zunehmend die Kritik,
die durch die Parlamentsausschüsse erhoben werden könnte. Bereits die in
das Parlament eingebrachten Gesetzesvorlagen würden deshalb in den
letzten Jahren den Anforderungen der EMRK weit besser gerecht als noch
vor wenigen Jahren.[141]

II. Die Regierung

Im parlamentarischen Regierungssystem Großbritanniens ist die Regierung von einer parlamentarischen Mehrheit im *House of Commons* abhängig, die wegen des Mehrheitswahlrechts in aller Regel eine absolute Mehrheit ist. Die personellen Beziehungen zwischen Parlament und Regierung
sind eng, und zwar deutlich enger als zwischen Deutschem Bundestag und
Bundesregierung: In Großbritannien werden regelmäßig etwa 120 Parla-
mentarier zu Regierungsmitgliedern ernannt. Etwa 20 Minister bilden das
Kabinett, die übrigen 100 Regierungsmitglieder haben als *Junior Ministers*
eine vergleichbare Stellung wie parlamentarische Staatssekretäre im deutschen Regierungssystem. Wegen der großen Zahl derartiger *Junior Ministers* hat ein erheblicher Teil der Mitglieder der parlamentarischen Mehrheitsfraktion zugleich ein Regierungsamt inne.[142] Die engen personellen
und politischen Verbindungen von Parlament und Regierung erklären eine
verbreitete Begriffsverwendung von *government*, die aus deutscher Perspektive gewöhnungsbedürftig ist: Je nach Zusammenhang bezeichnet *government* nicht nur die Exekutivspitze, sondern Exekutive und Legislative
gemeinsam.[143]

---

wonach die Regierung in jüngerer Zeit dem Ausschuß weitere Materialien unterbreite und
so dessen Kontrollmöglichkeiten effektiver werden. Regierungsintern werden ausführliche Memoranden erarbeitet, die aber nicht veröffentlicht und auch dem Ausschuß nicht
zugänglich gemacht werden, dazu *Cabinet Office*, Guide to Legislative Procedures, October 2004, par. 10.7.–10.12.

[140] Nachweise der publizierten Erfolgsquoten bei *R. Hazell*, [2004] P. L. 495, at 496–
499.

[141] *D. Feldman*, [2004] Stat. L. R. 91, at 92

[142] Näher *A. Tomkins*, Public Law, 2003, p. 72.

[143] Etwa *Sir J. Laws* [1995] P. L. 72, at 90. Für den deutschen Begriff der Regierung

1. Gesetzes- und Referendumsinitiativen der Regierung

Die britische Regierung ist vor allem durch ihr Gesetzesinitiativrecht zu einem zentralen Akteur des Verfassungsreformprozesses geworden, zudem durch die Initiierung verschiedener Referenden über Verfassungsreformen. In politikwissenschaftlicher Perspektive ist das britische Parlament nicht als Gesetzgeber, sondern als diejenige Institution beschrieben worden, durch die die Regierung Gesetze erlasse.[144] Diese Einschätzung reflektiert die Tatsache, daß die Mehrzahl der parlamentarisch beratenen Gesetzentwürfe auf Regierungsvorlagen basiert. Ausnahmslos alle wichtigen Verfassungsreformgesetze der letzten Jahre wurden von der Regierung initiiert, häufig in einem vorparlamentarischen öffentlichen Konsultationsprozeß durch die Regierung vorbereitet[145] und sodann vom Parlament in weitgehend unveränderter Fassung beschlossen.

Verschiedene Verfassungsreformen sind durch Referenden legitimiert worden (oder auch in Plebisziten gescheitert): 1975 wurde über die fortdauernde Mitgliedschaft in den Europäischen Gemeinschaften abgestimmt; 1978 mit negativem Ergebnis über eine Föderalisierung (*devolution*) im Hinblick auf Schottland und Wales, 1997 erneut, diesmal mit positivem Ergebnis, über *devolution* für Schottland, Wales und Nordirland,[146] zudem 1998 über die Wiedereinführung des Bürgermeisteramtes für London. Zuletzt hatte sich Premierminister *Blair* darauf festgelegt, daß der Europäische Verfassungsvertrag in Großbritannien einer Volksabstimmung unterbreitet würde. Zudem hat er seit längerem erklärt, daß der Euro nur auf der Grundlage eines Referendums zum gesetzlichen Zahlungsmittel erklärt wird; auch die in der Diskussion befindliche Ersetzung des Mehrheits- durch ein Verhältniswahlsystem würde, so das Wahlprogramm der *Labour Party* 2005, nur auf der Grundlage eines Referendums realisiert.[147]

---

steht teilweise *Cabinet* (was die *Junior Ministers* ausklammert) oder *government* in einem engeren Sinne, im britischen Englisch anders als im US-amerikanischen Sprachgebrauch aber nicht *Administration*. Teilweise findet sich auch *government* in einem vergleichbaren Sinne wie der deutsche Staatsbegriff; das ermöglicht dann in Aufnahme der klassischen Gewaltendreigliederung die Rede von den *"three branches of government"* (etwa *J. Goldsworthy*, [2003] O. J. L. S. 483, at 499) oder Wendungen wie *"the judicial and legislative branches of government"* (*B. K. Winetrobe*, [2005] P. L. 3, at 3).

[144] *A. Tomkins*, Public Law, 2003, p. 96.

[145] Beispiele bieten die Konsultationspapiere, die das *Department for Constitutional Affairs* 2003 für eine ganze Reihe vorgeschlagener Verfassungsreformen vor der Einbringung von Gesetzentwürfen veröffentlicht hatte: *"Reforming the office of the Lord Chancellor"*, *"A Supreme Court for the United Kingdom"*, *"A new way of appointing judges"*, *"Next steps for the House of Lords"* und *"The future of Queen's Counsel"*.

[146] Näher unten S. 59 ff.

[147] *"Britain forward, not back"* – The Labour Party manifesto 2005, p. 110 (http://www.labour.org.uk/manifesto.html).

Alle bisherigen Referenden waren konsultativer Art – in ihrem Ergebnis politisch bindend, aber ohne unmittelbare Rechtswirkung. Gleiches wird für das angekündigte, nun zunächst ausgesetzte Referendum über den Europäischen Verfassungsvertrag und die möglichen Referenden über die Einführung des Euro und eine Wahlrechtsreform gelten. Rechtsgrundlage der Referenden ist in jedem Einzelfall ein eigens erlassenes Parlamentsgesetz; die Initiative zur Abhaltung eines Referendums liegt jeweils bei der Regierung. Der *Political Parties, Elections and Referendums Act 2000* enthält inzwischen zwar gewisse allgemeine Grundsätze für die Abhaltung von Referenden. Er beschränkt sich aber weitgehend auf Regelungen zur Abstimmungskampagne im Vorfeld, insbesondere mit dem Ziel, diese zeitlich und finanziell zu beschränken.[148] Es existiert demnach auf nationaler Ebene weiterhin keine gesetzliche Grundlage für Volksinitiativen, Volksbegehren oder bindende Volksentscheide.[149] Das Referendum ist ausschließlich ein politisches Instrument der Regierung, die es zur Legitimierung umstrittener und weitreichender Reformvorhaben einsetzen kann.

2. Regierungsinterne Verfassungsmäßigkeitskontrollen von Gesetzentwürfen

Neben der Einbringung grundlegender Verfassungsreformgesetze durch die Regierung ist ein weiterer Aspekt der Ausübung ihres Gesetzesinitiativrechts von verfassungsrechtlicher Relevanz, nämlich die regierungsinterne Vorbereitung von Gesetzentwürfen. Dies betrifft Gesetzentwürfe, die materiell keine Verfassungsänderung bezwecken, sondern als Zivil-, Straf- oder Verwaltungsgesetze mit Verfassungsprinzipien in Konflikt geraten könnten. Die Regierung hat Verfahrens- und Begründungserfordernisse institutionalisiert, die bereits vor der parlamentarischen Einbringung einer Gesetzesvorlage gewährleisten sollen, daß die Vorlage verfassungsrechtlichen Anforderungen genügt, insbesondere den Gewährleistungen der in britisches Recht inkorporierten EMRK.

Verdeutlicht werden kann dies an den Anforderungen, die der *Guide to Legislative Procedures* des *Cabinet Office* mit Blick auf die EMRK statuiert: Er verpflichtet die Ministerien in allgemeiner Weise dazu, die Anforderungen der EMRK frühzeitig bei der Formulierung von Vorentwürfen zu berücksichtigen und dazu gegebenenfalls juristischen Rat einzuho-

---

[148] Im einzelnen *D. Oliver*, Constitutional Reform in the UK, 2003, p. 155–156.
[149] Das rechtspolitische Für und Wider von Volksinitiativen etc. wird mit ähnlichen Argumenten wie in Deutschland diskutiert, vgl. *D. Oliver*, Constitutional Reform in the UK, 2003, p. 155.

len.[150] Konkretisiert wird diese Pflicht dadurch, daß das zuständige Ministerium ein Memorandum über die Vereinbarkeit des Vorentwurfs mit der EMRK für das regierungsinterne *Legislative Programme Committee* erarbeiten muß, das die Gesetzesinitiativen der Regierung koordiniert. In diesem Memorandum müssen Menschenrechtsfragen, die durch den Gesetzentwurf aufgeworfen werden könnten, angesprochen und auf mögliche Unvereinbarkeiten unter Rückgriff auf einschlägige Rechtsprechung hingewiesen werden.[151]

Durch diese Verfahrens- und Begründungsanforderungen wird implizit anerkannt, daß die einfache Gesetzgebung Bindungen unterliegt. Deren Beachtung mag zwar nicht normativ verbindlich sein. Sie ist andererseits aber auch nicht in das Belieben des Ministeriums gestellt, das einen Gesetzentwurf ausarbeitet und das regelmäßig gute Aussichten hat, seine politischen Zielvorstellung im Parlament weitgehend unmodifiziert durchzusetzen. Die Beachtung dieser Bindungen wird vielmehr von der Regierung als verpflichtend erachtet und für derart bedeutsam gehalten, daß die verfahrensrechtliche Vorkehrungen getroffen wurden, auch wenn sie Regierungsstellen mit einem nicht unerheblichen Aufwand belasten.

3. Die Kabinettsreform von 2003: Umgestaltung des Amtes des Lord Chancellor

Eine gewaltenverschränkende Schlüsselstellung, die Funktionen in der Justiz, der Justizverwaltung, dem Parlament und der Regierung vereint, kam bis 2003 dem *Lord Chancellor* zu: Er war als Mitglied des *House of Lords* wie des *Privy Council* selbst Mitglied der höchsten Gerichte, zudem *Speaker* des *House of Lords* sowie als Leiter des *Lord Chancellor's Department* Kabinettsmitglied mit zahlreichen Kompetenzen unter anderem für die Justizverwaltung und Richterernennung.[152]

Die Regierung hat im Juni 2003 angekündigt, dieses Amt aufheben zu wollen.[153] Es sei anachronistisch, wenn ein hoher Richter Kabinettsmit-

---

[150] *Cabinet Office*, Guide to Legislative Procedures, October 2004, par. 10.7.–10.8.

[151] *Cabinet Office*, Guide to Legislative Procedures, October 2004, par. 10.9.–10.12.

[152] Ausführlich zum bisherigen Zuschnitt dieses Amtes *D. Woodhouse*, The Office of Lord Chancellor, 2001, p. 39–164; zur früheren richterlichen Funktion des *Lord Chancellor A. Bradney*, in: P. Carmichael/B. Dickson (eds.), The House of Lords, 1999, p. 155–170; zusammenfassende Darstellung auch bei *O. Hood Phillips/P. Jackson/P. Leopold*, Constitutional and Administrative Law, 8th ed. 2001, p. 371.

[153] *Department for Constitutional Affairs*, "Reforming the office of the Lord Chancellor", 2003. Die Reformen bedürfen teilweise der Gesetzesform; vgl. sec. 2–17 CRA 2005: Arrangements to modify the Office of Lord Chancellor.

glied sei und zugleich noch eine herausgehobene parlamentarische Funktion ausübe.[154] Der im Juni 2003 zum *Lord Chancellor* berufene *Lord Falconer of Thoroton* hat nach seiner Ernennung als ersten Schritt erklärt, er werde seine Kompetenz, als Mitglied des *House of Lords* Recht zu sprechen, nicht mehr ausüben. Die ministeriellen Funktionen des *Lord Chancellor* sind dem Inhaber des neuen Regierungsamtes eines *Secretary of State for Constitutional Affairs* übertragen worden, das zunächst ebenfalls von *Lord Falconer* wahrgenommen wird.[155] Das *Lord Chancellor's Department* ist dementsprechend in *Department for Constitutional Affairs* umbenannt worden. Die Präsidentschaft des *House of Lords* ist schließlich durch *sec. 18 CRA 2005* neu und eigenständig geregelt worden, nachdem der *Lord Chancellor* als *ex-officio-speaker* dieser Parlamentskammer nicht mehr zur Verfügung steht.

Diese Kabinettsreform ist von grundsätzlicher verfassungsrechtlicher Bedeutung, weil sie auf eine strikte Trennung zwischen Parlament und Regierung auf der einen Seite und Gerichtsbarkeit auf der anderen Seite zielt, ebenso wie die zeitgleich angekündigte Übertragung der Rechtsprechungsfunktionen vom *House of Lords* auf einen neuen *Supreme Court*.[156] Die Kabinettsreform sichert die sachliche Unabhängigkeit der Gerichte. Sie schafft damit grundlegende Voraussetzungen für das Konzept des *limited government*: Die Kontrollfunktionen, die den Gerichten in zahlreichen Verfassungsreformgesetzen übertragen worden sind und die sie teilweise eigenständig in Anspruch nehmen, wären stets dem Verdacht fehlender Effektivität ausgesetzt, wenn die Unabhängigkeit der Gerichte nicht über jeden Zweifel erhaben wäre.

III. Die Gerichte

1. Gerichtsverfassung

a) Die oberste Gerichtsbarkeit im Vereinigten Königreich

Die oberste Gerichtsbarkeit innerhalb des Vereinigten Königreichs war bis 2005 dem *House of Lords*, teilweise auch dem *Privy Council* anvertraut.[157] Ausgeübt wurden die Rechtsprechungsfunktionen innerhalb dieser Ver-

---

[154] *Department for Constitutional Affairs*, "Reforming the office of the Lord Chancellor", 2003, p. 2; zustimmend *Lord Woolf*, [2004] C. L. J. 317, at 322.

[155] Dies hatte zur Folge, daß *Lord Falconer* zunächst die Doppelbezeichnung als *Secretary of State for Constitutional Affairs and Lord Chancellor* führte.

[156] Dazu unten S. 42 ff.

[157] Zur *appellate function* des *House of Lords*: G. *Drewry/Sir L. Blom-Cooper*, in: P.

fassungsorgane durch personell verselbständigte Ausschüsse, im *House of Lords* durch das *Appellate Committee*. Diesem *Appellate Committee* gehörten zwölf ständige Mitglieder an, die *Lords of Appeal in Ordinary (Law Lords)*.[158] Sie verfügten über langjährige juristische Erfahrung und wurden für ihre berufsrichterliche Tätigkeit besoldet.[159] Eine Unterteilung in Senate oder eine sonstwie vorab festliegende Untergliederung in Spruchkörper war entsprechend der britischen Gerichtstradition nicht vorgesehen: Die einheitliche monarchische Justizhoheit schließt nach britischer Tradition eine Untergliederung der Gerichte und damit auch eine *ex ante* festliegende Geschäftsverteilung aus, ohne daß hierin ein Problem im Hinblick auf den gesetzlichen Richter gesehen würde.[160]

Weitere Mitglieder des *House of Lords*, die hohe Rechtsprechungsfunktionen ausüben oder ausgeübt haben, also etwa Richter anderer Gerichte oder frühere *Law Lords*, konnten im Einzelfall in das *Appellate Committee* hinzugezogen werden, um besondere juristische Qualifikationen einzubringen. Die große Mehrzahl der Mitglieder des *House of Lords* war demgegenüber von der Ausübung seiner Rechtsprechungsfunktionen ausgeschlossen. Eine personelle Trennung zwischen *Law Lords* und dem *House of Lords* als ganzem in umgekehrter Richtung bestand demgegenüber nicht: Die *Law Lords* waren dessen ordentliche Mitglieder und nahmen nicht nur richterliche Aufgaben wahr, sondern ebenso Funktionen im parlamentarischen Verfahren. So war bislang regelmäßig ein *Law Lord* Vorsitzender des *legal sub-Committee* des *European Committee*. Um daraus resultierenden möglichen Vorbehalten gegen ihre Unvoreingenommenheit zu begegnen, haben die *Law Lords* allerdings nach Verabschiedung des

---

Carmichael/B. Dickson (eds.), The House of Lords, 1999, p. 113–126; strukturierte Überblicksdarstellung zur überkommenen britischen Gerichtsorganisation aus deutscher Perspektive in der historisch-rechtsvergleichenden Arbeit von *U. Seif*, Recht und Justizhoheit, 2003, S. 344 ff., 369 ff., nur wenig veraltet auch *R. v. Gneist*, Das heutige englische Verfassungs- und Verwaltungsrecht, Band I, 1857, S. 324 ff., S. 485 ff.

[158] Die Geschäftsbelastung konnte durch das *House of Lords* durch ein freies Annahmeverfahren beeinflußt werden, auch wenn *Lord Rodger of Earlsferry*, *Lord of Appeal in Ordinary* im *House of Lords*, bestreitet, daß die Annahmeentscheidung bewußt zur Steuerung des Geschäftsanfalls eingesetzt wird: Die *Law Lords* nehmen jährlich im Durchschnitt 65 Verfahren im *House of Lords* und 60 Verfahren im *Privy Council* zur Entscheidung an. Ihre Arbeit wird durch einzelne wissenschaftliche Mitarbeiter unterstützt, die indes schon wegen der dominierenden mündlichen Arbeitsweise gerichtsintern weniger Aufgaben übernehmen als etwa Mitarbeiter im BVerfG; es wäre etwa undenkbar, daß ein Mitarbeiter eines *Law Lord* Entwürfe für ein Urteil fertigt.

[159] Zu den Richtern im *Appellate Committee*: *B. Dickson*, in: P. Carmichael/B. Dickson (eds.), The House of Lords, 1999, p. 127–154.

[160] *U. Seif*, Recht und Justizhoheit, 2003, S. 369 ff., zum Vergleich mit der deutschen Rechtslage *G. Sydow*, in: K. Ziegler/D. Baranger/A. Bradley (eds.), Constitutionalism and the Role of Parliaments, Oxford 2005 (im Erscheinen), sub V.

Human Rights Act von 1998 eine formelle Erklärung abgegeben, daß sie sich in politisch umstrittenen Fragen nicht mehr im parlamentarischen Verfahren engagieren werden.

Das aus der mittelalterlichen *curia regis* hervorgegangene *Privy Council* ist heute in erster Linie oberster Gerichtshof für eine Reihe von Staaten des *Commonwealth* – eine Funktion, die durch die Errichtung des *Supreme Court* für das Vereinigte Königreich nicht verändert worden ist. Für die gegenwärtige Reorganisation der Gerichtsbarkeit innerhalb des Vereinigten Königreichs ist das *Privy Council* deshalb von Bedeutung, weil ihm 1998 die Rechtsprechung über Kompetenzstreitigkeiten übertragen worden ist, die aus der *devolution* erwachsen.[161] Ausgeübt wurde diese Rechtsprechung durch das *Judicial Committee* des *Privy Council*. Ihm gehören insbesondere die *Law Lords* an, so daß eine weitgehende Personalunion zwischen den Rechtsprechungsgremien innerhalb des *House of Lords* und des *Privy Council* besteht. Hinzu kommen im *Judicial Committee* des *Privy Council* eine größere Anzahl hoher britischer Richter sowie einzelne hohe Richter aus *Commonwealth*-Staaten.[162]

Eine eigenständige Verfassungsgerichtsbarkeit kennt das Vereinigte Königreich nicht. Ein Verfassungsgericht konnte nach traditionellem Verfassungsverständnis schon deshalb nicht errichtet werden, weil aus der überkommenen *political constitution* keine Verfassungsrechtsstreitigkeiten erwachsen konnten, die ein Gericht an Hand eines normativen Maßstabs hätte entscheiden können. Dem obersten britischen Gericht, bisher also dem *House of Lords*, sind aber durch die Verfassungsreformen der letzten Jahre zusätzlich zu seinen unterschiedlichen, primär zivil- und strafrechtlichen Funktionen auch verfassungsgerichtliche Funktionen zugewachsen.[163] Das *House of Lords* wird im britischen Schrifttum deshalb zuneh-

---

[161] Diese an sich systemwidrige Zuweisung von Rechtsstreitigkeiten über die *devolution* an das *Privy Council* ist durch seine große Mitgliederzahl begründet worden, die es eher als im kleinen *Appellate Committee* des *House of Lords* ermöglichte, das konkret entscheidende Dreiergremium auch mit schottischen, walisischen bzw. nordirischen Richtern zu besetzen. Zu seiner bisherigen Rechtsprechung in Fragen der *devolution* ausführlich A. O'Neill, [2001] M. L. R. 603.

[162] Das *Privy Council* insgesamt hat etwa 300 ernannte Mitglieder, die verschiedenste hohe Funktionen innehaben oder innehatten, darunter alle Kabinettsmitglieder, einzelne Staatsoberhäupter aus Staaten des *Commonwealth*, die beiden Erzbischöfe der *Church of England* und zahlreiche hohe Richter; zur Besetzung O. *Hood Phillips/P. Jackson/P. Leopold*, Constitutional and Administrative Law, 8th ed. 2001, p. 336. Als Gesamtgremium ist es nahezu funktionslos und tritt im Plenum nie zusammen.

[163] Dies gilt insbesondere für die Überprüfung der britischen Parlamentsgesetzgebung am Maßstab des Europäischen Unionsrechts und der EMRK, zudem etwa für die Überprüfung der Gesetzgebungskompetenzen bei einer Gesetzgebung durch die *devolved bodies*, namentlich des schottischen Parlaments in Edinburgh, näher S. 68 ff. und S. 88 ff.

mend als *constitutional court* des Vereinigten Königreichs bezeichnet[164] –
eine Funktion und Terminologie, die in der überkommenen britischen Verfassungsordnung undenkbar gewesen wäre.

b) Regionale Gerichtsbarkeiten

Der britischen Gerichtsverfassung ist eine Unterscheidung von Fachge-
richtsbarkeiten fremd.[165] Die Gerichtsbarkeit im Vereinigten Königreich
ist vielmehr regional strukturiert: Es gibt eine eigene schottische Gerichtsbarkeit, eine eigenständige Gerichtsbarkeit in Nordirland und eine einheitliche Gerichtsbarkeit für England und Wales. In dieser organisatorischen
Trennung spiegelt sich die Unterscheidung von drei regionalen Rechtsordnungen (*jurisdictions*) wieder.[166]

Eingangsinstanz für die *judicial-review*-Verfahren, die von besonderer
Bedeutung für die Verfassungsreformen sind,[167] ist in England regelmäßig
ein als *Administrative Court* bezeichneter Teil der *Queen's Bench Division*
des *High Court of Justice*, zweite Instanz der *Court of Appeal*. In höchster
Instanz entscheidet das *House of Lords*, und zwar über Klagen aus allen
drei Rechtsordnungen.[168] Die Trennung der Rechtsordnungen wird durch
die Zusammenführung der Gerichtsbarkeiten in höchster Instanz aber

---

[164] *D. Woodhouse*, The Office of Lord Chancellor, 2001, p. 203, *V. Bogdanor*, Devolution in the United Kingdom, 1999, p. 293, und *P. Maxwell*, in: P. Carmichael/B. Dickson
(eds.), The House of Lords, 1999, p. 197; *"quasi-constitutional court"* für das *Privy Council*
bei *D. Oliver*, Constitutional Reform in the UK, 2003, p. 346.

[165] Sachlich begrenzte Rechtsschutzfunktionen werden aber außerhalb der *common-
law*-Gerichte durch zahlreiche *statutory tribunals* wahrgenommen, die teilweise eine lange
Tradition haben (*General Commission on Income Tax* seit 1798), überwiegend aber erst in
jüngerer Zeit geschaffen worden sind, etwa für den Bereich der Sozialversicherung, das
Arbeitsrecht oder das Asyl- und Einwanderungsrecht, dazu *O. Hood Phillips/P. Jackson/P.
Leopold*, Constitutional and Administrative Law, 8th ed. 2001, p. 684–693. Diese *statutory
tribunals* sind den Kommissionen vergleichbar, die in Deutschland im 19. Jahrhundert in
verschiedenen Bereichen Verwaltungsrechtsschutz gewährten (*Th. Henne*, Verwaltungsrechtsschutz im Justizstaat, 1995, S. 208 ff., und *G. Sydow*, Die Verwaltungsgerichtsbarkeit
des ausgehenden 19. Jahrhunderts, 2000, S. 41 ff.). Gegen ihre Entscheidungen besteht stets
ein Rechtsmittel zu den *common-law*-Gerichten (vgl. bereits oben S. 25 f. die scharfe und
letztlich erfolgreiche Kritik am Ansinnen der Regierung, gegen Entscheidungen eines *tribunal* in Asylsachen jedes Rechtsmittel zu den Gerichten auszuschließen).

[166] Es gibt grundsätzlich kein britisches Recht oder Recht des Vereinigten Königreichs,
sondern etwa schottisches oder englisches Recht. Zur Frage, ob sich die walisische Rechtsordnung als vierte, von der englischen getrennte *jurisdiction* etablieren könnte: *T. Jones/J.
Williams*, [2004] P. L. 78.

[167] Zum *judicial review* unten S. 70 ff.

[168] Ausnahmen bestehen für schottische Strafsachen, die letztinstanzlich durch den
Court of Session in Edinburgh entschieden werden. Weitreichende Reformvorstellungen
im Hinblick auf Schottland aber bei *G. L. Gretton*, [2003] Sc. L. T. 265.

nicht aufgehoben: Das *House of Lords* bzw. nun der *Supreme Court* übt jeweils im Einzelfall Jurisdiktionsfunktionen als englisches, als schottisches, als nordirisches Gericht aus;[169] die Urteile binden nach der Regel des *stare decisis* nur innerhalb der jeweiligen Rechtsordnung. Alle Richter des Obersten Gerichts sprechen ungeachtet ihrer regionalen Herkunft für alle drei Jurisdiktionen Recht, wenngleich über schottische Fälle in aller Regel nicht nur englische Richter etc. entscheiden. Mit Wirkung für das gesamte Vereinigte Königreich kann das Oberste Gericht nur in den Rechtsgebieten entscheiden, in denen auf Grund neuerer Parlamentsgesetzgebung im gesamten Königreich eine einheitliche Rechtslage besteht, so etwa im Sozialversicherungs- und Steuerrecht.

Es besteht Einigkeit darüber, daß das Oberste Gericht nicht die Funktion hat, durch eine vereinheitlichende Rechtsprechung auf eine Angleichung der drei innerbritischen Rechtsordnungen hinzuwirken – anders als dies etwa nach 1871 für das Reichsoberhandelsgericht und das spätere Reichsgericht der Fall war. Die schottischen und nordirischen Richter im *House of Lords* sehen ihre Aufgabe gerade darin, die Eigenständigkeit der eigenen Rechtsordnung zu wahren.

2. Verfahren der Richterernennung

Die britischen Richter werden fast ausnahmslos aus dem Kreis der *barristers* rekrutiert und verfügen vor ihrer Ernennung über langjährige anwaltliche, forensische Berufserfahrungen. Die Richter des *House of Lords*, die durch bindende Präjudizien die Fortentwicklung des *common law* maßgeblich prägen,[170] werden in aller Regel aus der Richterschaft der unteren Gerichte ernannt. Sie sind bislang faktisch durch den *Lord Chancellor* ausgewählt worden, auf dessen Vorschlag hin der Premierminister dem Monarchen den zu ernennenden Kandidaten benannt hat. Der Ausübung des Vorschlagsrechts sind Konsultationen über geeignete Kandidaten mit führenden Richtern vorangegangen, zudem mit den Ersten Ministern in

---

[169] Das *House of Lords* entscheidet über Klagen, die in England erhoben worden sind, als letztinstanzliches englisches Gericht am Maßstab des englischen Rechts; schottische Zivilklagen werden vom *House of Lords* als oberstes schottisches Zivilgericht an Hand des schottischen Zivilrechts entschieden; für den *Supreme Court* explizit *sec. 41 (1) CRA 2005.*

[170] Nach der Regel des *stare decisis* binden die *rationes decidendi* einer Entscheidung des *House of Lords* alle anderen Gerichte; das *House of Lords* selber sieht sich durch eigene Vorentscheidungen heute nicht mehr strikt gebunden, sondern ist in Einzelfällen zur Fortentwicklung der Rechtsprechung bereit, eine eigene Rechtsprechung zu modifizieren; näher *R. Cross/W. Harris*, Precedent in English Law, 4th ed. 1991, p. 39–43, sowie *F. Cownie/ A. Bradney*, English Legal System in Context, 2nd ed. 2000, p. 88–90, rechtsvergleichend für das *House of Lords* mit dem *US Supreme Court*: *R. P. Caldarone*, [2004] P. L. 759.

Schottland und Nordirland, weil traditionell ein regionaler Proporz durch zwei schottische und einen nordirischen Richter gewahrt wird.[171] Das Ernennungsverfahren ist dadurch eng an den politischen Prozeß angebunden, was einerseits mit der Gefahr einer Orientierung an parteipolitischen und nicht an Qualifikationskriterien verbunden ist, andererseits aber den Vorteil bietet, daß die Regierung politische Verantwortung für die Besetzung des höchsten Gerichts übernimmt und dessen Richtern dadurch personelle Legitimation vermittelt.[172]

Dieses Ernennungsverfahren unterliegt wegen seiner Intransparenz und wegen seiner Nähe zum politischen Prozeß seit Jahren der Kritik. Die im persönlichen Stil exzentrische und der Sache nach umstrittene Amtsführung von *Lord Irvine* als *Lord Chancellor* von 1997 bis 2003 hat Forderungen verstärkt, die Richterernennung dem Einfluß der Politik zu entziehen. Durch die Aufhebung des Amtes des *Lord Chancellor* muß das Richterernennungsverfahren ohnehin neugestaltet werden. Der *Constitutional Reform Act* hat 2005 eine Richterernennungskommission eingesetzt.[173]

3. Die Errichtung eines britischen Supreme Court

Die britische Regierung hatte in Aufnahme älterer Reformforderungen[174] im Juni 2003 die Errichtung eines *Supreme Court* für das Vereinigte Königreich angekündigt. Als künftigem obersten Gerichtshof sollen ihm insbesondere die Rechtsprechungsfunktionen des *House of Lords* übertragen werden.[175] Nach öffentlichen Konsultationen über dieses Reformprojekt hat die Regierung im Februar 2004 einen entsprechenden Gesetzentwurf in

---

[171] Zum bisherigen Ernennungsverfahren: *Department for Constitutional Affairs*, "A Supreme Court for the United Kingdom", Rdnr. 39.

[172] Zur Vermittlung richterlicher Legitimation durch das Vorschlagsrecht des Premierministers: *Department for Constitutional Affairs*, "A Supreme Court for the United Kingdom", Rdnr. 39; vgl. insofern die in Deutschland geführten Diskussionen über politische Einflußnahmen auf das Richterernennungsverfahren, dazu A. *Voßkuhle/G. Sydow*, JZ 2002, 673 ff.

[173] *Sec. 61 CRA;* vgl. auch *Department for Constitutional Affairs*, "A new way of appointing judges" (2003), aus dem Schrifttum *Sir Th. Legg*, [2001] P. L. 62, und *S. Kentridge*, [2003] C. L. J., p. 55, und *K. Malleson*, [2004] P. L. 102.

[174] Etwa *Lord J. Steyn*, [2002] L. Q. R. 382, *D. Oliver*, Constitutional Reform in the UK, 2003, p. 345–349, dort Nachzeichnung der Diskussionslinien; insgesamt zu diesem Reformprojekt G. *Sydow*, ZaöRV 64 (2004), 65 ff.

[175] Nach Ankündigung durch die Regierung am 12. Juni 2003 in einer schlichten Pressemitteilung (zur Kritik hieran A. *Le Sueur*, [2003] P. L., 368–377) konkretisiert durch: *Department for Constitutional Affairs*, "A Supreme Court for the United Kingdom", 2003.

das *House of Lords* eingebracht.[176] Der *Constitutional Reform Act* ist kurz vor den Wahlen vom Frühjahr 2005 verabschiedet worden und hat am 24. März 2005 den *royal assent* erhalten.

a) Gerichtsverfassung und Kompetenzen des Supreme Court

Der *Supreme Court* ist als institutionell verselbständigtes oberstes Gericht des Vereinigten Königreichs mit Sitz in London errichtet worden. Wie bisher das *House of Lords* entscheidet er sowohl Zivil- als auch Strafsachen, zudem im Wege des *judicial review* auch Verwaltungsrechtsstreitigkeiten. Während der *Supreme Court* in institutioneller Hinsicht ein Verfassungsorgan des Vereinigten Königreichs ist, ist er entsprechend der Untergliederung des Vereinigten Königreichs in drei Rechtsordnungen funktional oberstes Gericht von England und Wales, oberstes Gericht von Nordirland und, beschränkt auf Zivilsachen, oberstes schottisches Gericht.[177]

Der *Supreme Court* soll – wie das *Appellate Committee* des *House of Lords* – mit zwölf hauptamtlichen Richtern besetzt werden, eventuell auch mit einigen Richtern mehr, aber wie das *Appellate Committee* des *House of Lords* im internationalen Vergleich ein sehr kleines Gericht sein. Die gegenwärtigen zwölf *Law Lords* im *House of Lords* sollen zur Gewährleistung personeller Kontinuität zu den ersten hauptamtlichen Richtern des *Supreme Court* ernannt werden. Die *Law Lords* werden dadurch ihre Sitze im *House of Lords* verlieren und ihre bisherigen parlamentarischen Funktionen nicht mehr wahrnehmen können. Das Amt des *Senior Law Lord* wird durch das Präsidentenamt des neuen Gerichts ersetzt, auf das zunächst der jetzige *Senior Law Lord* berufen werden soll.[178]

In Fortführung der bisherigen Gerichtsverwaltung für das *Appellate Committee* des *House of Lords* durch den *Lord Chancellor* hat die britische Regierung vorgeschlagen, die Gerichtsverwaltung für den *Supreme Court*

Durchstrukturierung und Umfang dieses Konsultationspapiers von 34 Seiten lassen Rückschlüsse auf eine längerfristige regierungsinterne Vorbereitung zu.

[176] *Constitutional Reform Bill*, relevant insofern *Part 2, sec. 17–48*; im schließlich verabschiedeten *Constitutional Reform Act* nunmehr *Part 3, sec. 23–60*.

[177] Zur Unterscheidung von institutioneller und funktioneller Zuordnung des *Supreme Court*: Department for Constitutional Affairs, "A Supreme Court for the United Kingdom", p. 2: "The proposed new Supreme Court will be a United Kingdom body legally separate from the England and Wales Courts since it will also be the Supreme Court of both Scotland and Northern Ireland."

[178] *Department for Constitutional Affairs, "A Supreme Court for the United Kingdom", Rdnr. 29 ff.; sec. 24 CRA 2005.*

dem *Department for Constitutional Affairs*[179] zu übertragen – was nicht unumstritten ist, weil es die Unabhängigkeit des *Supreme Court* beeinträchtigen könnte.[180] Kontrovers diskutiert war die Frage, in welcher Weise für ihn ein repräsentatives Gerichtsgebäude gefunden werden könnte. Die Gebäudefrage, über die schon länger auch für das *Appellate Committee* des *House of Lords* diskutiert worden war, wurde durch die institutionelle Verselbständigung des Gerichts drängender, weil der *Supreme Court* aus repräsentativ-symbolischen Gründen nicht in den bisherigen Räumlichkeiten im *House of Lords* untergebracht werden kann. Ihre Bedeutung bezieht sie weniger aus organisationspraktischen Problemen als daraus, daß die Standortwahl innerhalb Londons erhebliche symbolische Bedeutung hat: Ein Standort im Londoner Gerichtsbezirk könnte – insbesondere aus schottischer Sicht – durch die Nähe zu den englischen Gerichten verdunkeln, daß ein höchstes Gericht für drei verschiedene Rechtsordnungen geschaffen werden soll. Ausgewählt worden ist gleichwohl der gegenwärtige Sitz des *Crown Court, Middlesex Guildhall.*

b) Europarechtliche Vorgaben für die Umgestaltung der britischen Gerichtsverfassung

Die Notwendigkeit, einen institutionell verselbständigen obersten Gerichtshof zu schaffen, wird in der gegenwärtigen Reformdebatte in Großbritannien auch mit Anforderungen der EMRK begründet, die das Vereinigte Königreich 1951 ratifiziert hat. Der EGMR hat bislang über die Stellung der *Law Lords* zwar nicht geurteilt und dementsprechend keinen Konventionsverstoß durch ihre gleichzeitig ausgeübten parlamentarischen Funktionen festgestellt. Dem Urteil des Straßburger Gerichtshofs in der Rechtssache *McGonnell v. The United Kingdom*[181] können aber weitreichende Folgen für die bisherige Stellung der *Law Lords* entnommen werden: Dieses Urteil aus dem Jahr 2000 kann dahingehend interpretiert werden (und ist von britischen Juristen sogleich entsprechend interpretiert worden[182]), daß die obersten britischen Richter wegen ihrer nichtjudiziel-

---

[179] Im Zuge der Kabinettsumbildung vom Juni 2003 aus dem früheren *Lord Chancellor's Department* hervorgegangen.

[180] Entsprechende Kritik an den bisherigen Plänen bei *I. R. Scott*, [2003] C. J. Q. 318–323, der eine Gerichtsverwaltung durch den *Supreme Court* selber fordert; zur Frage der Unabhängigkeit der Richter an einem möglichen *Supreme Court*: *R. Masterman*, [2004] P. L. 48.

[181] EGMR, Urteil v. 8. Feb. 2000 (Rs. 28488/95, McGonnell v. The United Kingdom).

[182] Mit dieser Interpretation des Urteils etwa *O. Hood Phillips/P. Jackson/P. Leopold,*

len Funktionen die Unabhängigkeits- und Unbefangenheitsgarantien des Art. 6 § 1 EMRK nicht erfüllten.

Das konkrete Verfahren betraf die Kanalinsel Guernsey:[183] Der Beschwerdeführer *McGonnell* hatte vor dem *Royal Court* von Guernsey erfolglos gegen die Versagung einer Baugenehmigung für ein Wohnvorhaben geklagt, das nach Auffassung dieses Gerichts mit dem rechtsförmlich festgelegten Entwicklungsplan für die Insel nicht vereinbar war. Er hat sich sodann an den EGMR mit der Rüge gewandt, in diesem Gerichtsverfahren seien die Unabhängigkeits- und Unbefangenheitsgarantien des Art. 6 EMRK mißachtet worden: Denn die Verhandlung des *Royal Court* sei vom *bailiff* der Insel geleitet worden, der als vom Monarchen ernannter Beamter Präsident der beiden Gerichte der Insel ist, zudem aber auch die Beratungs- und Rechtsetzungsgremien sowie die Inselverwaltung leitet. Konkret hatte dieser Beamte einige Jahre zuvor das Aufstellungsverfahren für den nunmehr maßgeblichen Entwicklungsplan geleitet. Der Europäische Gerichtshof für Menschenrechte erkannte auf eine Verletzung der gerichtsverfassungsrechtlichen Unabhängigkeits- und Unbefangenheitsgarantien nach Art. 6 EMRK.

Das Urteil läßt angesichts der knappen Fassung der unmittelbar zu Art. 6 EMRK argumentierenden Urteilsgründe zwei Interpretationen zu: Es kann dahin verstanden werden, daß sich der Befangenheitsverdacht gegen den *bailiff* nicht aus seinen Mehrfachfunktionen als solchen, sondern nur daraus ableitet, daß er selbst an der Aufstellung gerade desjenigen Entwicklungsplanes beteiligt war, dessen Auslegung im konkreten Rechtsstreit streitig war.[184] Bereits auf der Grundlage dieser restriktiven Deutung der Urteilsaussagen besteht im Hinblick auf die britische Gerichtsverfassung etwa ein Problem darin, daß zur Entscheidung von Rechtsstreitigkeiten über die *devolution* bis 2005 Mitglieder des *Privy Council* berufen waren, die als Mitglieder des *House of Lords* an der Gesetzgebung zur *devolution* beteiligt waren.

Passagen des Urteils können aber auch so gelesen werden, daß nach Auffassung des Gerichtshofs bereits die Mehrfachfunktionen des *bailiff* in abstracto eine Verletzung der EMRK begründen – was erheblich weiter reichende Folgen für die *Law Lords* hätte: Unabhängig von einer früheren

---

Constitutional and Administrative Law, 8th ed. 2001, p. 27, oder *D. Oliver*, Constitutional Reform in the UK, 2003, p. 331.

[183] Die Kanalinseln Jersey und Guernsey gehören als *Her Majesty's Dominion* zu den *British Islands*. Ohne daß sie Bestandteil des Vereinigten Königreichs sind, erstreckt sich die britische Ratifikation der EMRK von 1951 auch auf diese beiden Inseln; näher zur staats-, völker- und europarechtlichen Sonderstellung *O. Hood Phillips/P. Jackson/P. Leopold*, Constitutional and Administrative Law, 8th ed. 2001, p. 767.

[184] Grundlage dieser Interpretation wäre insbesondere Rdnr. 57 des Urteils, die auf die Vorbefassung des konkreten Amtsträgers mit der Angelegenheit abstellt.

Befassung mit der konkreten Angelegenheit in einer nichtrichterlichen Funktion könnten sie alleine deswegen, weil sie derartige nichtjustizielle Funktionen bekleiden, ihre richterlichen Ämter nicht mehr ausüben, ohne eine Verletzung der EMRK zu begründen.[185] Der britische *ad-hoc*-Richter im EGMR hat versucht, ein derartig weitreichendes Verständnis des Art. 6 EMRK explizit auszuschließen – wofür vieles sprechen dürfte –, ohne indes die Gerichtsmehrheit insofern zu einer Positionsbestimmung veranlassen zu können.[186] Ohne daß das Urteil *McGonnell v. U. K.* somit eine Klärung im Hinblick auf die *Law Lords* erbracht hätte, haben Reformbestrebungen innerhalb des Vereinigten Königreichs zumindest ein weiteres Argument gewonnen: Die Errichtung des *Supreme Court* könnte einer nicht auszuschließenden Rüge aus Straßburg zuvorkommen, die an Grundstrukturen der eigenen Verfassungsordnung rühren würde.[187]

c) Verselbständigung des obersten Gerichts als Konsequenz aus seinen verfassungsgerichtlichen Funktionen

Neben diesen Hinweisen auf mögliche europarechtliche Reformvorgaben steht ein zweiter Erklärungsansatz für die Reformen. Er interpretiert die Verselbständigung des obersten Gerichts vom Parlament als Konsequenz aus den verfassungsgerichtlichen Funktionen, die das *Appellate Committee* des *House of Lords* in den letzten Jahren gewonnen hat.[188] Es war nicht mehr allein oberstes Zivil- und Strafgericht, sondern hatte Funktionen der Rechtskontrolle gegenüber dem politischen Prozeß übernommen, indem es beispielsweise Parlamentsgesetze für unvereinbar mit den Gewährleistungen der EMRK erklären kann, die Tätigkeit der *devolved bodies* auf die Einhaltung kompetenzieller Grenzen prüft oder im Wege des *judicial review* das Regierungshandeln auf seine Rechtmäßigkeit hin überprüft.[189]

Die Ausübung derartiger Kompetenzen ist ohne eine personelle und institutionelle Distanzierung des obersten Gerichts von der Legislative und Exekutive nicht denkbar. Denn die Unabhängigkeit und Unvoreingenom-

---

[185] Eine entsprechende Lesart des Urteils kann insbesondere auf dessen Rdnr. 52 gestützt werden, in der abstrakt aus den Doppelfunktionen des *bailiff* argumentiert wird.

[186] EGMR, Urteil v. 8. Feb. 2000 (Rs. 28488/95, *McGonnell v. The United Kingdom*), *concurring opinion of Judge Sir John Laws* – insofern als *obiter dictum*, weil der Befangenheitsverdacht in diesem Rechtsstreit konkret begründet werden konnte, so daß die Frage, ob Mehrfachfunktionen bereits in abstracto gegen Art. 6 EMRK verstoßen, nicht entscheidungserheblich war.

[187] Vgl. etwa den Hinweis auf "Strasbourg" bei *J. Steyn*, [2002] L. Q. R. 382, at 392–394, zur Untermauerung seines Plädoyers für einen unabhängigen *Supreme Court*.

[188] Ausführlich *G. Sydow*, ZaöRV 64 (2004), 65 ff. (insb. 82 ff.).

[189] Im einzelnen unten S. 55 ff. und S. 66 ff.

menheit von Richtern und damit zentrale Legitimationsgrundlagen der Ausübung von Gerichtsbarkeit sind nicht über jeden Verdacht erhoben, wenn Richter parlamentarische oder – wie kürzlich noch der *Lord Chancellor* – exekutive Funktionen im politischen Prozeß ausüben, den sie zugleich als Richter kontrollieren sollen. Dies gilt auch dann, wenn die persönliche Amtsführung und das Selbstverständnis der konkreten Richterpersönlichkeiten untadelig ist. Die weitreichende Umgestaltung des Amtes des *Lord Chancellor* und die Errichtung des *Supreme Court* sind deshalb notwendige institutionelle Konsequenzen aus der Summe zahlreicher Verfassungsreformen der letzten Jahre.

IV. Resümee

Als Akteure des Verfassungsreformprozesses sind einerseits Parlament und Regierung, andererseits die britischen Gerichte zu identifizieren. Zentrale Verfassungsreformen beruhen auf Parlamentsgesetzen.[190] Aber auch die Gerichte sind nicht allein machtpolitische Gewinner des Verfassungsreformprozesses, weil ihnen die Verfassungsreformgesetzgebung erhebliche Kompetenzen übertragen hat. Sie sind vor allem selbst Akteure der Reformen, die zu einem erheblichen Teil auf Rechtsprechungsänderungen beruhen.[191] Die Verfassungsreformen als Ergebnis eines Zusammenspiels von Parlament und Gerichten zu bezeichnen,[192] wäre eine fälschliche Harmonisierung ihres spannungsreichen Verhältnisses.[193] Beide Institutionen nehmen je für sich eine eigenständige Legitimation zur Fortentwicklung der britischen Verfassungsordnung in Anspruch: Parlament und Regierung eine durch Wahlen, im Einzelfall auch durch Referenden vermittelte demokratische Legitimation, die Gerichte eine tradierte Legitimation aus der *rule of law*.

Ohne Relevanz für den Verfassungsreformprozeß ist der Monarch: Zwar nimmt die *Queen* einzelne *prerogative powers* auch heute noch in Person wahr;[194] doch diese persönlichen Kompetenzen sind ohne Bedeu-

---

[190] Nachfolgend S. 49 ff.

[191] Unten S. 70 ff.

[192] So *D. Nicol*, [1999] J. L. S. 131, at 150: "Constitutional development, formerly the preserve of the political actors, will increasingly involve the interplay of judiciary and legislature."

[193] Bezeichnend insofern etwa eine Passage im Urteil zur Konventionswidrigkeit der britischen Antiterrorgesetzgebung: *A (FC) and others v. Secretary of State for the Home Department*, Urteil des *House of Lords* vom 16. 12. 2004: *"The real threat to the life of the nation … comes not from terrorism but from law such as these"*, per *Lord Hoffmann* (par. 97).

[194] Beispielsweise die Ernennung des Premierministers; die Mehrzahl der *prerogative*

tung für die aktuellen Verfassungsreformen. Auch der unmittelbare Einfluß des Volkes auf die Verfassungsreformen ist begrenzt: Zwar sind verschiedentlich Referenden über weitreichende Reformvorhaben abgehalten worden. Ihr Einsatz beruht aber jeweils auf einer politischen Entscheidung der Regierung und ist damit primär ein Instrument zur Legitimierung und Abstützung des Regierungsprogramms.

powers wird heute durch die ernannte Regierung ausgeübt, umfassend A. Tomkins, Public Law, 2003, p. 61–71, zu den personal prerogatives insb. auch R. Blackburn, [2004] P. L. 546.

§ 4 Verfassungsreform
durch Parlamentsgesetzgebung

Die Doktrin der Parlamentssuprematie eröffnet dem Parlament den Zugriff auf die Regelung sämtlicher Verfassungsfragen unabhängig davon, ob ein Problem bereits bislang durch Parlamentsgesetzgebung, durch Verfassungskonventionen oder durch das gerichtlich interpretierte *common law* geregelt war. Die Parlamentsgesetzgebung ist deshalb für den britischen Verfassungsreformprozeß von besonderer Bedeutung.

I. Sachbereiche gesetzlicher Verfassungsreformen im Überblick

Die Sachbereiche, die nach britischem Verständnis zum Verfassungsrecht gezählt werden und damit Gegenstand gesetzlicher Verfassungsreformen werden können, sind umfangreich. Denn das britische Verfassungsrecht kann nicht formell durch Normierung in einem besonderen Verfassungsdokument oder durch normhierarchischen Vorrang und erschwerte Abänderbarkeit abgegrenzt werden. Statt dessen sind vergleichsweise weite und offene, materielle Begriffsbestimmungen verbreitet: Verfassungsrecht als *"set of laws, rules and practices that create the basic institutions of the state, and its components and related parts, and stipulate the powers of those institutions and the relationship between the different institutions and between those institutions and the individual."*[195] Nur wenige Bereiche des so umgegrenzten Verfassungsrechts sind in den letzten Jahren *nicht* Gegenstand von Verfassungsreformgesetzen gewesen. Auch für die aus den Reformen bislang ausgeklammerten Sachbereiche bestehen häufig mehr oder minder konkretisierte Reformvorstellungen, die teilweise eine hohe Realisierungschance haben.

---

[195] Begriffsbestimmung durch das *Constitution Committee* des *House of Lords*, in: *Cabinet Office*, Guide to Legislative Procedures, October 2004, par. 28.12, vgl. bereits oben S. 4.

1. Abgeschlossene Reformen

Gesetzliche Verfassungsreformen, für die inzwischen eine gewisse Verfassungspraxis unter den veränderten normativen Rahmenbedingungen besteht, betreffen zunächst die Staatsstruktur: Die zentralstaatliche Organisation des Vereinigten Königreichs ist 1998 durch die *devolution*, die gesetzliche Übertragung von Legislativ- und Exekutivkompetenzen an gewählte Organe in Schottland, Wales und Nordirland, wesentlich modifiziert worden.[196] London hat seit 1998 einen direkt gewählten Bürgermeister und eine städtische Exekutive, deren Kompetenzen weit über die (in den 1980er Jahren erheblich beschnittenen) Kompetenzen der übrigen britischen Lokalverwaltungen hinausreichen.[197] Wegen ihrer besonderen Bedeutung für Strukturfragen des Verfassungsreformprozesses wird der *devolution* nachfolgend ein eigener Abschnitt gewidmet.[198]

Wichtige Verfassungsorgane sind in ihrer Zusammensetzung Gegenstand von Reformen gewesen: das Parlament durch die schrittweise Abschaffung der erblichen Adelssitze im *House of Lords*,[199] die Regierung durch die Umgestaltung des Amtes des *Lord Chancellor* und die Schaffung eines Ministeriums für Verfassungsfragen.[200] Das Verhältnis von Individuum und Hoheitsgewalt ist insbesondere durch den *Human Rights Act* grundlegend reformiert worden; auch ihm ist nachfolgend wegen seiner besonderen Bedeutung ein eigener Abschnitt gewidmet.[201] Von verfassungsrechtlicher Relevanz im Verhältnis von Individuum und Hoheitsgewalt waren zudem weitere Aktivitäten des Gesetzgebers: zum einen der

---

[196] *Scotland Act 1998, Government of Wales Act 1998, Northern Ireland Act 1998.*

[197] Grundlage im *Greater London Authority (Referendum) Act 1998*; die Direktwahl des Bürgermeisters ist insofern ein Bruch mit der britischen Verfassungstradition, als er keinem gewählten Repräsentationsorgan verantwortlich ist (dazu *N. Johnson*, Reshaping the British Constitution, 2004, p. 24) und er durch die unmittelbare Persönlichkeitswahl eine parteipolitische Unabhängigkeit gewinnen kann, wie sich gerade durch die Wahl *K. Livingstons* erwiesen hat. Zur Lokalverwaltung insg. *M. Supperstone/T. Pitt-Payne*, [1999] P. L. 581.

[198] S. 59 ff.

[199] *House of Lords Act 1999*, weitere Reformankündigungen im September 2003: endgültige Aufhebung der erblichen Sitze im *House of Lords*, Abschaffung – bzw. gewaltenteilende Aufspaltung – des Amtes des *Lord Chancellor*, der bislang *Speaker* des *House of Lords* war, zudem Kabinettsmitglied und *head of the judiciary*; dazu *Department for Constitutional Affairs*, Consultation Paper "Next steps for the House of Lords", 2003, und "Reforming the office of the Lord Chancellor", 2003, und aus parteipolitischer Sicht "Britain forward, not back" – The Labour Party manifesto 2005, p. 109 (http://www.labour.org.uk/manifesto.html); näher zum *House of Lords* und seiner gewandelten Stellung im Verfassungsgefüge S. 27 ff.

[200] Siehe oben S. 36 f.

[201] Unten S. 52 ff.

Erlaß des *Freedom of Information Act,* der gesetzlich gesicherte Informationszugangsrechte geschaffen hat. Zum anderen der letztlich gescheiterte Versuch, in Asylsachen den Gerichtszugang gesetzlich auszuschließen, wodurch das ungeschriebene, in der Verfassungstradition tief verwurzelte Recht auf gerichtlichen Rechtsschutz erneut bekräftigt worden ist.[202]

Schließlich sind die rechtlichen Bedingungen des politischen Prozesses Gegenstand einer Reformgesetzgebung gewesen, die nach britischem Verständnis ebenfalls verfassungsrechtlicher Natur ist:[203] Der *Political Parties, Elections and Referendums Act 2000* verrechtlicht die Tätigkeit politischer Parteien und die Wahlkampagnen. Er regelt Parteispenden, begrenzt Wahlkampfausgaben und hat eine Wahlkommission eingesetzt, die das Wahlverfahren überwacht.

Hinzuweisen ist schließlich noch einmal auf den bereits erörterten *Constitutional Reform Act* von 2005, der einen *Supreme Court* errichtet, eine Richterernennungskommission einsetzt und Neuregelungen über das Amt des *Lord Chancellor* trifft.[204]

2. Verfassungsreformprojekte

Das Gesamtreformprojekt – die Überlegungen zum Erlaß eines geschriebenen, umfassenden Verfassungsdokuments – ist in akademischen Diskussionen seit längerem präsent[205] und war im Herbst 2004 Gegenstand einer ausführlichen Debatte im *House of Lords.*[206] Es bedürfte aber wohl einer krisenhaften Zuspitzung der Legitimationsprobleme der überkommenen Verfassungsordnung, damit dieses Projekt ernsthafte Realisierungschancen erhielte.

Gleiches gilt für die Reformüberlegungen zur Zukunft der britischen Monarchie. Sie finden ihre Kristallisationspunkte in den öffentlichen Diskussionen gegenwärtig an Fragen wie der Eheschließung des Thronfolgers; die Ebene rechtswissenschaftlicher Erwägungen haben sie bislang kaum erreicht. Aus jüngerer Zeit ist allein ein größerer und sehr abgewogener,

---

[202] Oben S. 25 f.

[203] Vgl. die selbstverständliche Einbeziehung dieser Reformen im Rahmen verfassungsrechtlicher Analysen etwa bei *V. Bogdanor,* [2004] L. Q. R. 242, at 242–243, oder bei *D. Oliver,* Constitutional Reform in the UK, 2003, p. 131–158.

[204] Siehe oben S. 42 ff.

[205] Zu den Möglichkeiten und dem Nutzen einer solchen Vollkodifikation *R. Brazier* [1992] Stat. L. R. 104, und *D. Oliver,* Constitutional Reform in the UK, 2003, p. 4 -7; sehr skeptisch inzwischen zur Realisierungschance eines solches Projekts *R. Brazier,* Constitutional Reform, 2nd ed. 1998, p. 7.

[206] H. L. Deb., vol. 664, col. 1242.

letztlich pro-monarchischer Beitrag von *R. Brazier* zu verzeichnen, der am Ende mit gewisser Sympathie Möglichkeiten einer Wahlmonarchie erörtert.[207] Seine Diskussionsanstöße sind bislang ohne nachhaltiges Echo im wissenschaftlichen Schrifttum geblieben.

Die Parlamente und Versammlungen in Schottland, Wales, Nordirland und London sowie das Europäische Parlament werden seit 1998/1999 nach Verhältniswahlsystemen gewählt.[208] Dies schafft erste Erfahrungen mit Koalitionsregierungen (seit 1998 in Schottland zwischen *New Labour* und *Liberal Democrats*) und eröffnet auf längere Sicht durch die Wahlchancen, die kleineren Parteien eröffnet werden, die Möglichkeit eines Wandels des vergleichsweise starren britischen Parteiensystems. Da eine überzeugende Antwort darauf fehlt, warum die Wahlrechtssysteme auf regionaler, lokaler und europäischer Ebene einerseits und nationaler Ebene andererseits grundlegend differieren sollen, haben die bisherigen Wahlrechtsreformen indirekt auch die Reformforderungen gestärkt, das Mehrheitswahlrecht für das *House of Commons* durch ein Verhältniswahlrecht zu ersetzen.[209]

II. Der *Human Rights Act* (1998)

1. *"Bringing Rights Back Home" als Reformforderung*

Die Verabschiedung eines geschriebenen Grundrechtskatalogs für das Vereinigte Königreich war seit den 1970er Jahren ein Verfassungsreformprojekt, das mehrfach Gegenstand parlamentarischer Beratungen war: Bereits 1978 hatte ein Ausschuß des *House of Lords* empfohlen, zu diesem Zweck die 1951 ratifizierte EMRK in britisches Recht zu inkorporieren. 1987 war ein entsprechender Gesetzentwurf in das *House of Commons* eingebracht worden.[210] Nach den Wahlen von 1997 gehörte der Entwurf des *Human Rights Act* zu den ersten Gesetzentwürfen, die die *Labour*-Regierung aus-

---

[207] *R. Brazier*, [2002] C. L. J. 351, at 385; zudem schon *ders.*, Constitutional Reform, 2nd ed. 1998, p. 126–130.

[208] Ein unmodifiziertes Verhältniswahlsystem gilt in Nordirland und für die Wahlen zum Europäischen Parlament; die Wahlsysteme in Schottland und Wales weisen Ähnlichkeiten zum Erst- und Zweitstimmensystem des Bundeswahlgesetzes auf, näher unten S. 60.

[209] Vgl. die Diskussion etwa bei *N. Johnson*, Reshaping the British Constitution, 2004, p. 194, sowie die – vagen – Ankündigungen der *Labour Party*, im Falle eines Wahlsiegs das Wahlrecht einer Prüfung zu unterziehen und die Frage ggfs. einer Volksabstimmung zu unterziehen, *"Britain forward, not back" – The Labour Party manifesto 2005*, p. 109 (http://www.labour.org.uk/manifesto.html).

[210] Zu diesen parlamentarischen Initiativen *M. J. Allen/B. Thompson* (eds.), Cases and Materials on Constitutional and Administrative Law, 6th ed. 2000, p. 528.

gearbeitet hat. Der *Human Rights Act* ist 1998 verabschiedet worden und im Oktober 2000 in Kraft getreten. Er inkorporiert die zentralen Gewährleistungen der EMRK in britisches Recht.[211]

Parallel zu den parlamentarischen Initiativen war eine intensive verfassungspolitische Diskussion über Nutzen und Notwendigkeit dieses Reformprojekts entbrannt, der in der Verfassungsreformdebatte ein zentraler Stellenwert zukam. Reformforderungen nach einer Begrenzung der politischen Gestaltungsfreiheit der Mehrheit im Sinne des *limited government* beinhalteten regelmäßig die Forderung, eine *Bill of Rights* für das Vereinigte Königreich zu erlassen.[212] Dem ist immer wieder entgegengehalten worden, der Erlaß eines geschriebenen Grundrechtskatalogs sei vor dem Hintergrund der Freiheitstraditionen der eigenen Verfassungsordnung entbehrlich. Das Weißbuch, mit dem die britische Regierung 1997 die Beratungen zur Inkorporation der EMRK in britisches Recht eingeleitet hat, trug deshalb nicht zufällig den Titel *"Rights Brought Home"*.[213] Wenn dieser Titel suggeriert, daß der *Human Rights Act* nur die der britischen Verfassungstradition inhärenten Menschenrechte erneut bekräftigt habe, wird indes der grundlegende Unterschied zwischen den traditionellen *civil liberties*[214] und den Abwehrrechten des *Human Rights Act* verdunkelt.

Einen Grund der sich intensivierenden Reformforderungen bildeten auch die häufigen Verurteilungen Großbritanniens durch den Europäischen Gerichtshof für Menschenrechte in den 1970er und 1980er Jahren.[215] Sie haben das eigene Selbstverständnis, nach dem die Wurzeln des modernen Menschenrechtsschutzes in der englischen Verfassungsgeschichte zu suchen seien, an einer empfindlichen Stelle getroffen. Die Häufigkeit von Verurteilungen durch den Straßburger Gerichtshof mußte deshalb irritieren und den

---

[211] Inkorporiert werden Art. 2 bis 12 und 14 der EMRK sowie das 1. Zusatzprotokoll; Hintergrund dieser Inkorporation ist die dualistische Konzeption zum Verhältnis von Völkerrecht und britischem Recht, nach der es einer Transformation völkervertragsrechtlicher Verpflichtungen in Form eines Parlamentsgesetzes bedarf, bevor die Verpflichtungen innerstaatlich, insbesondere durch die Gerichte, durchgesetzt werden können.

[212] *R. Dworkin*, A Bill of Rights for Britain, 1990, p. 24–32; zusammenfassend in der Rückschau *K. D. Ewing*, [2004] P. L. 829, at 830–833. Überblick über derartige *amberlight*-Theorien (zur zu Grunde liegenden Farbmethaphorik oben S. 14) bei *A. Tomkins*, [2002] O. J. L. S. 157, at 158–161.

[213] *White Paper* "Rights Brought Home: The Human Rights Bill", 1997, Abdruck in: *M. J. Allen/B. Thompson* (eds.), Cases and Materials on Constitutional and Administrative Law, 6th ed. 2000, p. 538; ähnlich *G. Marshall*, in: J. Beatson (ed.), Constitutional Reform in the United Kingdom, 1998, p. 73: "Patriating Rights".

[214] Klassisch *A. V. Dicey*, Introduction to the Study of the Law of the Constitution, 10th ed. 1959, p. 206–283.

[215] Kein anderer Unterzeichnerstaat der EMRK ist häufiger als das Vereinigte Königreich angeklagt (60 Klagen) und verurteilt worden (35 stattgebende Urteile; Daten von 1959 – 1995 bei *St. Schieren*, Die stille Revolution, 2001, S. 240).

Wunsch begründen, in der internationalen Öffentlichkeit nicht den Eindruck eines defizitären Grundrechtsschutzes zu erwecken. Die Inkorporation der EMRK in britisches Recht durch den *Human Rights Act* von 1998 kann daher als Versuch gewertet werden, in Ergänzung zur Institutionalisierung politischer Grundrechtskontrollen im Gesetzgebungsverfahren[216] einen gerichtlichen Grundrechtsschutz zu etablieren, der dem Standard des Europäischen Gerichtshofs für Menschenrechte entspricht und künftige Verurteilungen durch dieses Gericht vermeidet.

2. Bindungswirkung des Human Rights Act

Der *Human Rights Act* zielt primär auf eine Bindung des Verwaltungshandelns an die Grundrechte der EMRK; insofern bestehen umfassende Kontrollkompetenzen der Gerichte. Gleiches gilt für die Gesetzgebung der *devolved bodies*, also etwa des schottischen Parlaments, die ohne weiteres gerichtlich auf ihre Vereinbarkeit mit dem *Human Rights Act* überprüft und bei Verstößen für nichtig erklärt werden kann. Der *Human Rights Act* eröffnet dazu den Rechtsweg zu den Gerichten gegenüber allen Handlungen einer *"public authority"*.[217]

Die Tatsache, daß *sec. 6 HRA* auch die Gerichte an die inkorporierten Bestimmungen der EMRK bindet, hat eine Debatte darüber ausgelöst, ob den grundrechtlichen Gewährleistungen Drittwirkung (*horizontal effect*[218]) zukomme. Angesichts der Neuartigkeit dieser Fragestellung für die britische Rechtsordnung ist das Spektrum der vertretenen Positionen weit; klärende Gerichtsentscheidungen stehen noch aus. Neben den Auffassungen, daß den Gewährleistungen entweder überhaupt keine Drittwirkung[219] oder volle, unmittelbare Drittwirkung zukomme,[220] steht eine vermittelnde Position, die aus deutscher Perspektive vertraut ist und gegenwärtig zu dominieren scheint. Sie nimmt einen *indirect horizontal effect* der grundrechtlichen Gewährleistungen an: Die Gerichte würden danach das *common law* so weiterentwickeln, daß es mit den Konventionsgewährleistungen übereinstimmt, ohne diese Gewährleistungen unmittelbar im

---

[216] Oben S. 29 ff. und S. 35 f.

[217] *Sec. 7 HRA*, zur Möglichkeit der Schadensersatzgewährung *sec. 8 HRA*. Ausführlich zur Abgrenzung des (weiten) Kreises der *public authorities: M. Sunkin*, [2004] P. L. 643.

[218] Bei *M. Hunt*, [1998] P. L. 423, noch als neue Begriffsbildung in Anführungszeichen, ist dieser Begriff inzwischen zum eingeführten *terminus technicus* geworden (vgl. die Nachweise bei *D. Oliver*, Constitutional Reform in the UK, 2003, p. 116–117).

[219] *Sir R. Buxton*, [2000] L. Q. R. 48.

[220] *Sir W. Wade*, [2000] L. Q. R. 217.

Verhältnis Privater untereinander anzuwenden.[221] Diese Position beruht auf einer Adaption der kanadischen Dogmatik zur dortigen *Charter of Rights and Freedoms*, wo diese Lehre in den 1980er Jahren im Anschluß an kanadische Gerichtsentscheidungen entwickelt worden ist.[222]

3. Instrumente zur Gewährleistung der Übereinstimmung der Parlamentsgesetzgebung mit der EMRK

Kernproblem des Gesetzgebungsverfahrens für den *Human Rights Act* war es, die zu inkorporierenden Gewährleistungen der EMRK und die britische Parlamentsgesetzgebung in ein Verhältnis zu bringen, das einerseits die Parlamentssuprematie wahrt, andererseits aber gewährleistet, daß die Grundrechte der EMRK auch eine gewisse Direktionswirkung für Erlaß und Anwendung des Parlamentsrechts entfalten. Um dies auszutarieren, ist im *Human Rights Act* ein dreistufiges Instrumentarium geschaffen worden.

a) Pflicht zur konventionskonformen Auslegung

Soweit die Vereinbarkeit von Gesetzen des *Westminster Parliament* mit der EMRK in Frage steht, verpflichtet der *Human Rights Act* die Gerichte zu ihrer konventionskonformen Auslegung: *"So far as it is possible to do so, primary legislation and subordinate legislation must be read and given effect in a way which is compatible with the Convention rights."*[223]
Inzwischen wird bald ein knappes Jahrzehnt über den genauen Gehalt dieser Interpretationsregel und ihre Folgen für die üblicherweise praktizierten Interpretationsmaximen der britischen Gerichte gestritten,[224] ur-

---

[221] *M. Hunt*, [1998] P. L. 423, at 429–433, *P. Phillipson*, [1999] M. L. R. 824, *D. Oliver*, Constitutional Reform in the UK, 2003, p. 117.

[222] Deutsche Dogmatik zur Frage der Drittwirkung der Grundrechte ist – soweit ersichtlich – in den Diskussionen über *sec. 6 HRA* nicht wahrgenommen worden. Zur Rezeption kanadischer Dogmatik vgl. *R. Clayton*, [2004] P. L. 33, at, 43–46, sowie die bei *M. Hunt*, [1998] P. L. 423, at 430–431, zitierte Passage aus der kanadischen Leitentscheidung *Retail, Wholesale & Department Store Union v. Dolphin Delivery Ltd* von 1986: "Where private party A sues private party B relying on the common law and where no act of government is relied upon to support this action, the Charter will not apply. I should make clear, however, that this is a distinct issue from the question whether the judiciary ought to apply and develop the principles of the common law in a manner consistent with the fundamental values enshrined in the Constitution. The answer to this question must be in the affirmative."

[223] *Sec. 3 (1) HRA.*

[224] Aus der unübersehbaren Vielzahl an Beiträgen *F. Klug*, [1999] P. L. 246, *G. Mar-*

sprünglich an Hand des *Human Rights Act* selber und seiner parlamentarischen Beratungen, inzwischen zunehmend in Analyse der zu *sec. 3 HRA* ergangenen Rechtsprechung.[225] Der Streit ist nur verständlich vor dem Hintergrund der bislang und außerhalb des Anwendungsbereichs des *Human Rights Act* dominierenden Wortlautinterpretation. Neuere Urteile haben die Möglichkeiten, ein Gesetz gegen seinen Wortlaut konventionsgemäß auszulegen, wieder restriktiver bestimmt.[226] Die anfängliche und vielfach kritisierte Kreativität der Gerichte bei der konventionskonformen Auslegung nach *sec. 3 HRA* – *"extravagant interpretations"*[227] – dürfte künftig engere Grenzen finden. An Bedeutung gewinnt dadurch die *declaration of incompatibilty*.

b) Declaration of incompatibility

Sofern eine konventionskonforme Auslegung unmöglich ist, können bestimmte höhere Gerichte, insbesondere das *House of Lords* bzw. nun der *Supreme Court*, ein konventionswidriges Parlamentsgesetz für unvereinbar mit der EMRK erklären (*declaration of incompatibility*)[228]. Dies ist zuletzt im Dezember 2004 im Hinblick auf eine zentrale Bestimmung der britischen Antiterrorgesetzgebung geschehen, die in Reaktion auf den 11. September 2001 die Möglichkeit einer unbegrenzten Inhaftierung Verdächtiger ohne gerichtliches Urteil vorsah. Das *House of Lords* hat *sec. 23 Anti-terror, Crime and Security Act* für unvereinbar mit Art. 5 und 14 EMRK erklärt.[229]

Eine solche Unvereinbarkeitserklärung hat keine Auswirkungen auf den konkret zu entscheidenden Rechtsstreit und ändert an der Geltung der

---

shall, [1999] P. L. 377, zusammenfassend *D. Oliver*, Constitutional Law in the UK, 2003, p. 114.

[225] Zentrale Entscheidungen *R. v. A (No. 2)*, [2002] 1 A. C. 45, *R. (on the application of Anderson) v. Secretary of State for the Home Department*, [2003] A. C. 837, und *Bellinger v. Bellinger* [2003] 2 A. C. 437; Analysen dieser Entscheidungen im Hinblick auf die gerichtliche Anwendung von *sec. 3 HRA* bei *A. Kavanagh*, [2004] O. J. L. S. 259, *dies.*, [2004] P. L. 537, *D. Nicol*, [2004] P. L. 274, und zuletzt *A. L. Young*, [2005] P. L. 23.

[226] Insb. *R. (on the application of Anderson) v. Secretary of State for the Home Department*, [2003] A. C. 837, zustimmend *D. Nicol*, [2004] P. L. 274, at 277–279, dort (281) auch Nachweise weiterer Rechtsprechung; abweichende Interpretation dieses Urteils demgegenüber bei *A. Kavanagh*, [2004] P. L. 537. Die damit verbundenen methodischen Fragen sind im vorliegenden Zusammenhang nicht von unmittelbarem Interesse; insofern sei auf die in den vorangehenden Fußnoten zitierte Literatur verwiesen.

[227] *D. Nicol*, [2004] P. L. 274, at 279.

[228] *Sec. 4 (2), sec. 4 (6), sec. 5 (1) HRA.*

[229] *A (FC) and others v. Secretary of State for the Home Department*, Urteil des *House of Lords* v. 16. 12. 2004, *leading speech* per *Lord Bingham*; das Urteil ist mit einer Mehrheit von 8 zu 1 ergangen.

für konventionswidrig erklärten Norm unmittelbar nichts. Eine weitergehende gerichtliche Normverwerfungskompetenz, die die Parlamentssuprematie in ihrem Kern getroffen hätte, war im Gesetzgebungsverfahren 1997 erwogen worden. Der Vorschlag wurde letztlich aber verworfen, und zwar unter Hinweis auf die bestehende Gewaltenbalance zwischen Parlament und Gerichten, wie sie in der Doktrin der Parlamentssuprematie zum Ausdruck kommt. Angesichts der unmittelbaren demokratischen Legitimation des Parlaments, seiner Verantwortlichkeit und Abwählbarkeit sollte die Letztentscheidungskompetenz beim Parlament bleiben und nicht Richtern übertragen werden.[230]

c) Änderung konventionswidriger Gesetze im Wege der secondary legislation

Es besteht Einigkeit darüber, daß die Erklärung eines hohen britischen Gerichtes, ein Parlamentsgesetz sei mit der EMRK unvereinbar, in aller Regel nicht wird ignoriert werden können.[231] Die Folgerungen aus einem Konventionsverstoß zieht aber nicht das Gericht, das den Verstoß feststellt, sondern Regierung und Parlament, und zwar nicht auf Grund einer innerstaatlich begründeten Rechtspflicht, sondern auf Grund politischer Bindungen.

Der Erlaß einer *declaration of incompatibility* ermächtigt zu einer vereinfachten Änderung des konventionswidrigen Parlamentsgesetzes im Wege der *secondary legislation* durch eine *remedial order*. Sie wird in einer Entwurfsfassung durch den zuständigen Minister dem Parlament vorgelegt und kommt durch übereinstimmenden Beschluß beider Kammern zu Stande.[232] Dadurch werden zwar Entscheidungskompetenzen der beiden Parlamentskammern gewahrt, nicht aber die Form eines *Act of Parliament*, die in sämtlichen anderen Fällen zur Änderung der Parlamentsgesetzgebung erforderlich ist. Das übliche Gesetzgebungsverfahren für einen *Act of Parliament* wird nicht eingehalten, der *royal assent* wird nicht eingeholt.

---

[230] *Government of the UK, White Paper: "Rights Brought Home: The Human Rights Bill"*, 1997, sec. 2.11.–2.13.

[231] *Government of the UK, White Paper: "Rights Brought Home: The Human Rights Bill"*, 1997, sec. 2.10: Die Unvereinbarkeitserklärung "will almost certainly prompt the Government and Parliament to change the law."

[232] *Sec. 10 HRA.*

4. Folgerungen für die Doktrin der Parlamentssuprematie

Es ist in der britischen Verfassungslehre strittig, ob die Doktrin der Parlamentssuprematie durch den *Human Rights Act* unangetastet geblieben ist. Dies war erklärtes Ziel des fein abgestimmten Instrumentariums, das der *Human Rights Act* für die Feststellung und Behebung der Konventionswidrigkeit eines Parlamentsgesetzes geschaffen hat. *D. Oliver* bestreitet, daß dies gelungen sei, und argumentiert aus dem Verhältnis zwischen schlichten Parlamentsbeschlüssen und *Acts of Parliament*. Sie verweist darauf, daß der *Human Rights Act* es auf der Grundlage einer gerichtlichen Unvereinbarkeitserklärung ermögliche, die Parlamentsgesetzgebung nicht durch einen *Act of Parliament* als *actus contrarius*, sondern auf Initiative der Regierung im Wege des schlichten Beschlusses beider Parlamentskammern zu ändern. Die Doktrin der Parlamentssuprematie sei dadurch formal durchbrochen.[233]

Für die Austarierung der verfassungsrechtlichen Machtbalance erscheint eine zweite Grundentscheidung des *Human Rights Act* noch als bedeutsamer: Er hat die britische Parlamentsgesetzgebung einer materiellen Überprüfung durch die Gerichte unterworfen, auch wenn das Parlament die Letztentscheidungskompetenz darüber behält, ob ein konventionswidriges Gesetz geändert wird. Der *Human Rights Act* erklärt die inkorporierten Gewährleistungen der EMRK zum Kontrollmaßstab der Parlamentsgesetzgebung und weist den Gerichten diese Kontrollfunktion zu. Es erscheint daher zweifelhaft, ob man wirklich behaupten kann, *"the declaration of incompatibility and remedial order provisions preserve comity between the courts and Parliament by preventing the courts form challenging Parliament."*[234] Eine solche Aussage stellt allein auf die formale Rechtslage ab, nämlich das Fehlen einer gerichtlichen Normverwerfungskompetenz. Die fein austarierte Machtbalance zwischen Parlament und Gerichten dürfte aber schon dadurch empfindlich verschoben worden sein, daß ein Parlamentsgesetz überhaupt gerichtlicher Kontrolle unterzogen wird und daß mit hoher gerichtlicher Autorität dessen Konventionswidrigkeit festgestellt werden kann.[235]

Dies beruht allerdings auf einer expliziten Anordnung durch das *Westminster Parliament* im *Human Rights Act*. Das Parlament könnte sich dieser Gerichtskontrollen über die eigene Gesetzgebung auf verschiedene Weise wieder entledigen: durch eine explizite Aufhebung der grundrecht-

---

[233] *D. Oliver*, Constitutional Reform in the UK, 2003, p. 115.

[234] *D. Oliver*, Constitutional Reform in the UK, 2003, p. 115.

[235] *A. Kavanagh*, [2004] O. J. L. S. 259, at 268: Der *Human Rights Act* habe den Gerichten *"directed powers"* übertragen, nämlich den Gehalt der nur in generalisierter Form niedergelegten Grundrechtsgewährleistungen für konkrete Fälle zu bestimmen.

lichen Einzelgewährleistungen des *Human Rights Act* oder auch durch eine Änderung des *Human Rights Act* in der Weise, daß den grundrechtlichen Gewährleistungen nur noch Bedeutung für die *secondary legislation* und exekutives Handeln zukommen solle, sie aber nicht mehr als gerichtlicher Kontrollmaßstab der Parlamentsgesetzgebung herangezogen werden dürften. Beides ist verfassungsrechtlich möglich, politisch indes ausgeschlossen. Die Stellung der Gerichte hat durch den *Human Rights Act* eine erhebliche Aufwertung erfahren.

III. Gesetzgebung zur *devolution* (1998)

Der Begriff *devolution* bezeichnet allgemein *"the transfer and subsequent sharing of powers between institutions of government within a limited framework set out in legislation."*[236] Konkret bezieht sich *devolution* als *terminus technicus* der politisch-rechtlichen Sprache in Großbritannien auf die Errichtung eigener schottischer, nordirischer und walisischer Institutionen im Jahr 1998, denen Exekutiv- und teilweise Legislativkompetenzen übertragen worden sind. Weder mit Dezentralisierung noch mit Föderalisierung angemessen übersetzt, hat der Begriff die ältere Begrifflichkeit aus den britisch-irischen Auseinandersetzungen – *home rule* – inzwischen völlig verdrängt.[237] Auf Grund der hohen Dichte normativ bindender Regeln für die Beziehungen zwischen *Westminster Parliament*, britischer Regierung und *devolved bodies* und wegen der Funktionen, die dem *Privy Council* zur gerichtlichen Kompetenzabgrenzung übertragen wurden, ist die *devolution* ein zentrales Element des Prozesses der *constitutionalisation* der britischen Verfassungsordnung im Sinne einer Verrechtlichung (*juridification of politics*) unter gerichtlicher Kontrolle (*judicialization*). Aus dem umfangreichen Fragenkomplex der *devolution* werden im folgenden diejenigen Aspekte herausgegriffen, die von besonderer Relevanz für Strukturfragen des britischen Verfassungsreformprozesses insgesamt

---

[236] *N. Burrows*, Devolution, 2000, p. 1; die Definition ist erläuterungsbedürftig: *"government"* bezeichnet in diesem Zusammenhang nicht (allein) die Regierung, sondern – wie im politisch-rechtlichen Sprachgebrauch Großbritanniens häufiger – die gesamte Legislative und Exekutive; zudem ist fraglich, ob *transfer* wirklich der angemessene Begriff ist oder ob er nicht durch *confer* ersetzt werden müßte, weil die britische Gesetzgebung von 1998 zwar Kompetenzen für die neu errichteten Institutionen begründet, zumindest formal aber nicht bestehende Kompetenzen des *Westminster Parliament* beschneidet; vgl. die ausführliche Diskussion bei *N. Burrows*, Devolution, 2000, p. 56–58.

[237] Auch in deutschsprachigen Veröffentlichungen wird dem Begriff *devolution* gegenüber unpräzisen Übersetzungen der Vorrang eingeräumt: *A. Schwab*, Devolution, 2002, *M.-O. Pahl*, Jahrbuch des Föderalismus 2 (2001), S. 281 ff., *R. Palmer/Ch. Jeffery*, Jahrbuch des Föderalismus 3 (2002), S. 343 ff.

sind, nämlich Fragen überschneidender Gesetzgebungskompetenzen und gerichtlicher Normenkontrollbefugnisse.

1. *Normative Grundlagen der devolution*

Die *devolution* beruht auf einer Gesetzgebung des *Westminister Parliament*; die grundlegenden Bestimmungen sind in drei *Acts of Parliament* aus dem Jahr 1998 niedergelegt: im *Scotland Act*, im *Northern Ireland Act* und im *Government of Wales Act*. Diese drei Gesetze werden im großen Umfang durch exekutive Rechtsetzung der britischen Regierung – *secondary legislation* – ergänzt, zu deren Erlaß die Basisgesetze ermächtigen. Hierzu zählt beispielsweise eine Vielzahl von *orders* und *statutory instruments*, mit denen die Bestimmungen des *Northern Ireland Act* je nach aktueller politischer Lage in Nordirland immer wieder suspendiert und erneut in Kraft gesetzt worden sind.[238] Zur *primary* und *secondary legislation* tritt schließlich eine Reihe geschriebener *Codes of Practice* hinzu, die die Zusammenarbeit zwischen den Londoner Zentralinstitutionen und den *devolved institutions* steuern. Dadurch entsteht insgesamt ein hohes Maß an Normierungsdichte, wie es in anderen Bereichen des britischen Verfassungsrechts kaum existiert.

Die Gesetzgebung aus dem Jahr 1998 hat eine asymmetrische Staatsstruktur geschaffen: Für Schottland, Wales und Nordirland wurden jeweils eigenständige und untereinander erheblich differierende Regelungen getroffen. England als ganzes und die historischen englischen Regionen sind aus den Reformen ausgeklammert,[239] was Legitimationsprobleme durch eine Überrepräsentation der nicht-englischen Regionen im *Westminster Parliament* schafft.[240]

---

[238] Vgl. das Urteil des *House of Lords, Robinson v. Secretary of State for Northern Ireland* vom 25. Juli 2002.

[239] Zur englischen Regionalverwaltung *Ch. Stevens*, in: M. O'Neill (ed.), Devolution and British Politics, 2004, p. 251, und *D. Oliver*, Constitutional Reform in the UK, 2003, p. 278–288; Ziel einer weiteren Kompetenzübertragung an die englischen Regionen vor den Wahlen von 2005 formuliert durch: *"Britain forward, not back"* – The Labour Party manifesto 2005, p. 108 (http://www.labour.org.uk/manifesto.html).

[240] Die bislang unbeantwortete *West Lothian Question* fragt nach der Legitimation dafür, daß der Abgeordnete des *Westminister Parliament* für den schottischen Wahlkreis *West Lothian* über Fragen des englischen Rechts abstimmen darf, während englische Abgeordnete desselben Parlaments seit der *devolution* nicht mehr über schottische Rechtsfragen abstimmen, näher *D. Oliver*, Constitutional Reform in the UK, 2003, p. 288. Die *Conservative Party* hat vor den Wahlen von 2005 insofern eine Reform des Abstimmungsmodus im *House of Commons* propagiert, der schottischen Abgeordneten bei Abstimmungen zu rein englischen Fragen das Stimmrecht entzieht: *"It's time for action"* – Conservative Election Manifesto 2005, p. 22 (http://www.conservatives/com/pdf/manifesto-uk-2005.pdf)

In Schottland, Wales und Nordirland wurden jeweils zwei Institutionen
errichtet: eine gewählte Versammlung, in Schottland als Parlament bezeichnet, und eine Exekutive mit kollegialer Leitung in Form eines Kabinetts. Die Mitglieder des schottischen Parlamentes werden teilweise als
Wahlkreisabgeordnete nach Mehrheitsprinzip, teilweise nach Verhältniswahlrecht über Regionallisten der Parteien gewählt.[241] Das Wahlsystem
für die 60 Mitglieder der *National Assembly of Wales* ist vergleichbar, während für die Wahl der 108 Abgeordneten der *Northern Ireland Assembly*
ein weiteres Wahlsystem geschaffen wurde, nämlich die Wahl von sechs
Abgeordneten für jeden der nordirischen Wahlkreise.[242] Um den Besonderheiten der politischen Situation in Nordirland Rechnung zu tragen, bestehen Sonderregelungen für die Wahl der nordirischen Exekutive durch
die *Assembly* und für verschiedene weitere wichtige parlamentarische Entscheidungen wie die Ausübung des Budgetrechts: Sie erfordern *cross-com-
munity support*, also eine Mehrheit jeweils innerhalb der *Unionists* und
Nationalists. Unter den Bedingungen zweier verfeindeter Lager sollen dadurch die politische Handlungsfähigkeit der nordirischen Exekutive si-
chergestellt und die Dominanz eines politischen Lagers verhindert werden.[243]
Der historische Hintergrund dieser Reformen kann hier nur kurz umrissen werden.[244] Zwischen 1920 und 1972 bestand eine Selbstverwaltung
der nordirischen Provinzen. Sie wurde unter dem Eindruck anhaltender
Gewalt aufgehoben, so daß Nordirland seitdem unter *direct rule* der britischen Regierung stand, konkret des *Secretary of State for Northern Ireland*. Frühere Pläne einer *devolution* für Schottland und Wales hatten 1978
in Referenden die notwendigen Beteiligungs- und Abstimmungsmehrhei-
ten verfehlt. Die konservativen Regierungen *Thatcher* und *Major* haben
verschiedene Initiativen ergriffen, um die nordirischen Provinzen zu be-

---

[241] *Scottish Parliament (Constituencies) Act 2004*; danach werden 73 Abgeordnete in
Wahlkreisen gewählt (vergleichbar der Erststimme bei deutschen Bundestagswahlen) und
56 Abgeordnete nach Verhältniswahlrecht innerhalb der schottischen Regionalbezirke.
Zentraler Unterschied zum Wahlrecht zum Deutschen Bundestag ist die Tatsache, daß die
errungenen Wahlkreismandate *nicht* auf die zu vergebenden Listenmandate angerechnet
werden. Das Wahlrecht ist demnach kein personalisiertes Verhältniswahlrecht, sondern ein
gemischtes Mehrheits- und Verhältniswahlrecht.

[242] *Sec. 1 Northern Ireland (Elections) Act*; zu den Wahlsystemen und den Gründen ihrer Entwicklung *N. Burrows*, Devolution, 2000, p. 29–34, im Anschluß dann eine Analyse
der Wahlergebnisse der ersten Wahlen nach der Gesetzgebung zur *devolution*.

[243] Einzelheiten in *sec. 16 (3), 39 (7), 41, 63, 64 Northern Ireland Act*, zudem *N. Burrows*, Devolution, 2000, p. 45–46. Der Versuch, durch die Gestaltung der Verfassungsordnung den inneren Frieden abzustützen, war begrenzt erfolgreich.

[244] Ausführlich *M. Gardiner*, The Cultural Roots of British Devolution, 2004, und *M.
O'Neill, J. Hunter* und *R. Wilford*, in: M. O'Neill (ed.), Devolution and British Politics,
2004, p. 32, p. 113, p. 135.

frieden, standen aber insbesondere den schottischen Forderungen nach eigenständiger Repräsentation und regionaler Selbstbestimmung ablehnend gegenüber und betonten demgegenüber der Wert der zentralstaatlichen Einheit.[245] Die Gesetzgebung zur *devolution* von 1998 zählte zu den zentralen Verfassungsreformen im ersten Jahr der Regierung *Blair*. Sie wurde durch Referenden bestätigt, in Schottland mit deutlicher Mehrheit, in Wales nur bei knappem Erreichen des Beteiligungsquorums.

2. Parallele Legislativkompetenzen

a) Gesetzgebungskompetenzen der devolved bodies

Das schottische Parlament und die nordirische Versammlung haben die Kompetenz zum Erlaß von *primary legislation* in den Sachbereichen, die im *Scotland Act* bzw. im *Northern Ireland Act* zu *devolved matters* erklärt worden sind.[246] Der *National Assembly for Wales* fehlt diese Gesetzgebungskompetenz bislang; sie hat allein einen Anspruch darauf, vom *Westminster Parliament* konsultiert zu werden, bevor dieses Parlament ein Gesetz mit Wirkung für Wales erläßt.[247]

Die Bestimmung der *devolved matters* differiert für Schottland und Nordirland sowohl hinsichtlich der Normierungstechnik als auch in zahlreichen Einzelfragen. Das schottische Parlament hat Gesetzgebungskompetenzen, sofern nicht ein bestimmter Sachbereich im *Scotland Act* explizit zum *reserved matter* erklärt worden ist[248] – reserviert für die Gesetzgebung durch das *Westminster Parliament*. Der *Northern Ireland Act* kennt

---

[245] Die Einschätzung innerhalb der *Conservative Party* hat sich angesichts der erfolgreichen Implementation der Gesetzgebung von 1998 vor allem im Hinblick auf Schottland inzwischen gewandelt, vgl. *"It's time for action"* – *Conservative Election Manifesto 2005*, p. 21 (http://www.conservatives/com/pdf/manifesto-uk-2005.pdf): "We remain (sic!) strongly committed to making a success of devolution to Scotland." Die allgemeine Annahme, daß die *devolution* faktisch unumkehrbar sei, wird hierdurch eindrucksvoll bestätigt, wenn auch ihre langjährigen Gegner inzwischen betonen, wie sehr sie den Zielen der *devolution* schon immer verpflichtet gewesen seien.

[246] *Sec. 28 Scotland Act, sec. 5 Northern Ireland Act*; zur Frage, ob die erlassenen Gesetze *primary* oder *secondary legislation* sind: *N. Burrows*, Devolution, 2000, p. 54–65.

[247] Die Differenzierung gegenüber Schottland und Nordirland ist insofern konsequent, als Wales allenfalls eine im Entstehen begriffene eigene Rechtsordnung ist und dort grundsätzlich englisches Recht gilt (näher *T. Jones/J. Williams*, [2004] P. L. 78); ausführlich zu den Konsultationsrechten *N. Burrows*, Devolution, 2000, p. 79–82. Die *Labour Party* hatte vor den Wahlen von 2005 Reformpläne vorgelegt, auch nach Wales substantielle Gesetzgebungskompetenzen zu übertragen, vgl. *"Britain forward, not back"* – *The Labour Party manifesto 2005*, p. 108 (http://www.labour.org.uk/manifesto.html).

[248] *Sec. 29 and Schedule 5 Scotland Act*.

weitere Kategorien und Abstufungen, die teilweise die Gesetzgebungskompetenz von einer Zustimmung des *Secretary of State for Northern Ireland* abhängig machen.[249] Generell sind Fragen der Außen-, Verteidi-
gungs- und Währungspolitik der Regionalgesetzgebung entzogen.

b) Gesetzgebungskompetenz des Westminster Parliament über devolved matters

Die Gesetzgebungskompetenz des *Westminster Parliament* für alle drei
britischen Rechtsordnungen (England und Wales, Schottland sowie Nordirland) ist durch die *devolution* formal nicht angetastet worden. Für England ergibt sich dies schon aus der Tatsache, daß ein eigenes englisches Parlament nicht existiert. Für Wales ist es Konsequenz der Tatsache, daß die
National Assembly for Wales selbst keine Legislativkompetenzen hat. Die
primary legislation für England und Wales wird deshalb auch weiterhin
ausschließlich durch das *Westminster Parliament* erlassen.

Ungewöhnlich und interpretationsbedürftig sind die parallelen Gesetzgebungskompetenzen des *Westminster Parliament* und des *Scottish Parliament* bzw. der *Northern Ireland Assembly* für die Rechtsordnungen
Schottlands und Nordirlands.[250] Den Regionalparlamenten ist im Hinblick auf *devolved matters* explizit die Kompetenz übertragen, die bisherige und grundsätzlich fortgeltende Gesetzgebung des *Westminster Parliament* zu ändern oder aufzuheben, soweit sie die schottische bzw. nordirische Rechtsordnung betrifft.[251] Insoweit gilt im Verhältnis der regionalen
Gesetzgebung zu *Acts of Parliament* der *lex-posterior*-Grundsatz. Andererseits besteht aber die Gesetzgebungskompetenz des *Westminster Parliament* für *devolved matters* fort. Hieraus könnte ein *"legislative ping
pong"*[252] resultieren, indem das *Westminster Parliament* seinerseits die
schottische bzw. nordirische Gesetzgebung aufhebt. Daß dies die Verfassungspraxis schwer belasten und die Gesetzgebung zur *devolution* konter-
karieren würden, ist früh erkannt worden.

---

[249] *Entreched, reserved, excepted* und *transferred matters* nach *sec. 6, sec. 8 (b) Northern Ireland Act*; zu den Einzelheiten *N. Burrows*, Devolution, 2000, p. 66.

[250] Für die schottische Rechtsordnung *sec. 28 (7) Scotland Act*: "This section does not
affect the power of the Parliament of the United Kingdom to make laws for Scotland." Für
Nordirland *sec. 5 (6) Northern Ireland Act*. Zur Existenz verschiedener Rechtsordnungen
innerhalb des Vereinigten Königreichs schon oben S. 40 f.

[251] *Sec. 6 Northern Ireland Act.*

[252] *N. Burrows*, Devolution, 2000, p. 61, unter Rückgriff auf die Begriffsbildung durch
A. Page/C. Reid/A. Ross, A Guide to the Scotland Act, 1999, p. 45.

c) Lösungsansätze für das Problem widersprüchlicher Normsetzung

Für dieses Problem paralleler Gesetzgebungskompetenzen werden verschiedene Lösungsansätze diskutiert bzw. praktiziert. Als reale Lösungsoption auszuscheiden ist die theoretisch bestehende Möglichkeit des *Westminster Parliament*, diese Gesetzgebungskonkurrenz durch eine Aufhebung des *Scotland Act* zu beenden und sich als einzigen Gesetzgeber zu reetablieren: Die *devolution* ist für Schottland politisch nicht revidierbar.[253] Nur in Nordirland war es mehrfach möglich (und erforderlich), angesichts einer angespannten politischen Lage und daraus resultierender Handlungsunfähigkeit der nordirischen Institutionen die Kompetenzübertragungen zu suspendieren.

Gegenwärtig wird das Problem einer sich widersprechenden Normgebung praktisch dadurch vermieden, daß das *Westminster Parliament* seine Gesetzgebungskompetenz über *devolved matters* ohne Zustimmung des betroffenen *devolved body* nicht ausübt.[254] Diese Praxis geht ursprünglich auf einen Vorschlag von *Lord Sewel* in einer Debatte des *House of Lords* zurück;[255] das *Select Committee on Procedure* des *House of Commons* hat sich diesen Vorschlag zu eigen gemacht, den auch die britische Regierung als Inhaberin des Gesetzesinitiativrechts gebilligt hat. Die Praxis ist inzwischen zu einer Verfassungskonvention erstarkt, die üblicherweise als *Sewel Convention* bezeichnet wird.[256]

Daß diese Verfassungskonvention gebrochen werden könnte, ist gegenwärtig angesichts der Mehrheitsverhältnisse in den Parlamenten in London und Edinburgh[257] nicht wahrscheinlich. Durch einen Mehrheitswechsel in

---

[253] Das wird inzwischen auch von der *Conservative Party* anerkannt, die der *devolution* lange Zeit abweisend gegenüberstand: *"It's time for action"* – *Conservative Election Manifesto 2005*, p. 21 (http://www.conservatives/com/pdf/manifesto-uk-2005.pdf).

[254] Die doppelte Verneinung des Satzes ist bedeutsam: Anders als viele Beobachter 1998 erwartet hatten, legiferiert das *Westminster Parliament* auch weiterhin in recht großem Umfang für die schottische Rechtsordnung, allerdings stets auf der Grundlage einer *Sewel motion*, mit der vorab die Zustimmung des schottischen Parlaments eingeholt worden ist, dazu ausführlich *A. Page/A. Batey*, [2002] P. L. 501–523; zu den Auswirkungen der *devolution* auf das Gesetzgebungsverfahren in *Westminster: C. Himsworth*, in: House of Lords, Select Committee on the Constitution, 15th Report: Devolution. Its Effects on the Practice of Legislation at Westminster, 2004 (HL Paper 192), p. 8.

[255] *Lord Sewel, H. L. Deb., vol. 592, col. 791 (July 21, 1998).*

[256] *N. Burrows*, Devolution, 2000, p. 62; ihre Eigenschaft als Verfassungskonvention stand von Anfang an außer Zweifel, obwohl sie nicht auf einer entsprechenden Verfassungstradition beruht, sondern allein auf dem übereinstimmend bekundeten Willen der maßgeblichen Verfassungsinstitutionen, künftig entsprechend dieser Konvention zu verfahren, dazu *A. Page/A. Batey*, [2002] P. L. 501, at 505.

[257] In Edinburgh seit 1998 eine Koalition aus *Labour* und *Liberal Democrats* unter Führung von *Labour*, in London seit 1997 eine (als Folge des Mehrheitswahlrechts absolute) *Labour*-Mehrheit.

einem der Parlamente könnte sich dies ändern, und der parteipolitische Antagonismus zwischen *Labour* und *Conservatives* könnte stellvertretend als Antagonismus zwischen London und Edinburgh ausgetragen werden. Für diesen Fall ist zu klären, nach welcher Kollisionsregel ein Gericht einen Normenkonflikt lösen müßte. Die Regelungen des *Scotland Act* sind nicht eindeutig. Sie besagen nur, daß einerseits das *Scottish Parliament* ein Gesetz des *Westminster Parliament* mit Wirkung für Schottland aufheben kann und daß andererseits das *Westminster Parliament* weiterhin die Kompetenz besitzt, Gesetze für die schottische Rechtsordnung zu erlassen.

Auf der Grundlage der klassischen Lehren zur Parlamentssuprematie könnte es als eindeutig erscheinen, daß sich das *Westminster Parliament* im Konfliktfall gegen das von ihm selbst errichtete schottische Parlament müßte durchsetzen können, und zwar auch ohne Aufhebung des *Scottland Act*, nämlich schlicht im Wege einer Aufhebung eines schottischen Gesetzes kraft eigener, fortbestehender Gesetzgebungskompetenz für die schottische Rechtsordnung.[258] Gerade dies wird aber von *N. Burrows* in einer breit angelegten Studie zur *devolution* bestritten: Die Gerichte müßten im Konfliktfall der Gesetzgebung des schottischen Parlaments Vorrang einräumen und dürften eine widersprechende Gesetzgebung des *Westminster Parliament* nicht anwenden. Die dogmatische Konstruktion, mit der dies nach Auffassung von *N. Burrows* erreicht werden soll, ist dem europarechtlichen Anwendungsvorrang vergleichbar, freilich mit dem Unterschied, daß in dieser Konzeption eine regionale Rechtsordnung Anwendungsvorrang vor nationalem Recht erhält: Im Konfliktfall würden die Gerichte nicht die Rechtmäßigkeit der Gesetzgebung des *Westminster Parliament* überprüfen und diese Gesetzgebung auch nicht für unwirksam erklären, sondern sie – soweit sie Schottland betrifft – im Einzelfall nicht anwenden.[259] Das Verhältnis der beiden Legislativen zueinander in dieser Weise zu bestimmen, sei notwendige Konsequenz der *"political reality of the genuine transfer of power that has occurred under devolution."*[260]

Die Gerichte hatten bislang keine Gelegenheit, zu dieser Frage Stellung zu beziehen, da die *Sewel Convention* den Konflikt in der Praxis bislang verhindert hat. Die rechtsdogmatische Konstruktion von *N. Burrows* dürfte gewagt sein. Die politische Realität einer Kompetenzübertragung wird sich indes verfestigen, je länger die *Sewel Convention* die Verfassungspraxis prägt.

---

[258] So die wohl herrschende Auffassung, etwa *D. Oliver*, Constitutional Reform in the UK, 2003, p. 248.

[259] "This does not give the courts a power to review the legality of the United Kingdom legislation, merely to set it aside in a case of conflict", *N. Burrows*, Devolution, 2000, p. 65.

[260] *N. Burrows*, Devolution, 2000, p. 65.

3. Gerichtliche Kompetenzkontrollen als Folge der devolution

Die bislang diskutierten Probleme und Lösungsansätze betreffen Konstellationen widersprechender Normsetzung über Materien, die eindeutig zu den *devolved matters* zählen. Hier ist jeweils die Gesetzgebungskompetenz beider Legislativorgane – *Westminster Parliament* und schottisches Parlament bzw. *Westminster Parliament* und nordirische Versammlung – unzweifelhaft, so daß ein Normenkonflikt nicht über Kompetenzwidrigkeit und daraus resultierende Unwirksamkeit einer Norm gelöst werden kann. Zu unterscheiden sind hiervon Konstellationen, in denen die Gesetzgebungskompetenz des schottischen Parlaments oder der nordirischen Versammlung fraglich ist, weil die Reichweite der *devolved* bzw. *reserved matters* in Frage steht. Die Gesetzgebung von 1998 zur *devolution* hat hierfür ein Verfahren der prinzipalen Normenkontrolle geschaffen.[261]

a) Kompetenzkontrollen über die Gesetzgebung der devolved bodies

Dieses Normenkontrollverfahren ermöglicht es, bereits vor Inkrafttreten eines Legislativakts des schottischen Parlaments bzw. der nordirischen Versammlung gerichtlich zu klären, ob die Gesetzgebung die Kompetenzgrenzen für *devolved matters* eingehalten hat. Antragsberechtigt sind der *Advocate General*, der *Lord Advocate* und der *Attorney General*, die als *Law Officers* Ministerrang haben und deshalb parteipolitisch mit der Mehrheitsfraktion im *House of Commons* übereinstimmen.[262] Die Zuständigkeit für diese Normenkontrollverfahren war dem *Privy Council*, nicht dem *House of Lords*, übertragen. Da die *Law Lords* des *House of Lords* zugleich Richter im *Privy Council* waren, ist der Sinn dieser Kompetenzzuweisung nicht sogleich ersichtlich. Die erheblich größere Mitgliederzahl im *Privy Council* bot aber eher Möglichkeiten, für ein Kompetenzkontrollverfahren schottische und nordirische *ad-hoc*-Richter hinzuzuziehen. Dadurch ließ sich verhindern, daß nur englische Richter über die Grenzen der Legislativkompetenzen des schottischen Parlaments oder der nordirischen Versammlung urteilen.[263] *Schedule 9* des *Constitutional Reform Act* hat 2005 auch für diese Fragen die Kompetenz des *Supreme Court* begründet.

---

[261] *Sec. 33 (1) Scotland Act.*

[262] Zu deren Ministerstellung in der Londoner Regierung O. *Hood Phillips/P. Jackson/ P. Leopold*, Constitutional and Administrative Law, 8th ed. 2001, p. 372–374.

[263] Zum bisherigen Verhältnis der mit Rechtsprechungsfunktionen betrauten Ausschüsse des *House of Lords* und des *Privy Council* oben S. 37 ff.; dort auch zur britischen Praxis, keine festen gerichtsinternen Spruchkörper zu bilden, sondern die Besetzung der Richterbank für jedes einzelne Verfahren festzusetzen.

*b) Mittelbar-faktische Auswirkungen auf die Kompetenzen
des Westminster Parliament*

Eine förmliche gerichtliche Kompetenzkontrolle über die Gesetzgebung des Londoner Parlaments ist demgegenüber schon deshalb ausgeschlossen, weil *Westminster* durch die *devolution* das Recht behalten hat, weiterhin und in Konkurrenz zu den anderen Legislativorganen Gesetze auch über *devolved matters* zu erlassen.[264] Damit könnte es mit der Feststellung sein Bewenden haben, daß gerichtliche Kompetenzkontrollen ausschließlich über die Kompetenzausübung durch die *devolved bodies* eröffnet sind, nicht aber im Hinblick auf das *Westminster Parliament*. Die Bedeutung dieser gerichtlichen Kompetenzkontrolle reicht indes erheblich weiter: Sie berührt auch die Bedingungen, unter denen das *Westminster Parliament* seine Kompetenzen ausüben kann. Denn die Entscheidung, Kompetenzstreitigkeiten durch das oberste Gericht zu klären, ist aus politischen Gründen kaum vermeidbar und hat aus Gründen der Glaubwürdigkeit und Konsequenz faktische Bindungswirkungen auch für die Kompetenzausübung des *Westminster Parliament*. Das *Privy Council* bzw. nun der *Supreme Court* entscheidet zwar *de iure* nur über die Kompetenzen der *devolved bodies*; es steuert faktisch dadurch aber ebenso die Kompetenzausübung durch das *Westminster Parliament*.[265]

Denn sofern das Oberste Gericht ein schottisches Gesetz für kompetenzwidrig erklärt, steht der Ausübung der Gesetzgebungskompetenz des *Westminster Parliaments* auch tatsächlich nichts mehr entgegen; das Gerichtsurteil begründet dessen Kompetenz dann zwar nicht, ermöglicht aber faktisch deren Ausübung. Sofern dagegen das Oberste Gericht ein schottische Gesetz für kompetenzgemäß erklärt, wird das *Westminster Parliament* seine formal durch das Urteil nicht berührte Gesetzgebungskompetenz faktisch kaum noch ausüben können. Die Verfassungskonvention (*Sewel Convention*), daß das *Westminster Parliament* nicht gegen den Willen des zuständigen Regionalparlaments über *devolved matters* entscheidet, wird so durch ein gerichtliches Verfahren in ihrer Geltung bestärkt.

---

[264] *Sec. 28 (7) Scotland Act* 1998.
[265] Klar analysiert durch den Politikwissenschaftler *V. Bogdanor*, Devolution in the United Kingdom, 1999, p. 293; zum Verhältnis von *devolution* und *judicial review* grundsätzlich *P. Craig/M. Walters*, in: Ch. Forsyth (ed.), Judicial Review and the Constitution, 2000, p. 213–244.

4. Folgerungen: Kompetenzverluste des Westminster Parliament durch die devolution

Die *devolution* hat faktische Kompetenzverluste des *Westminster Parliament* bewirkt, weniger im Hinblick auf Wales, dessen *Assembly* keine eigenen Legislativkompetenzen hat, und auch nicht in erster Linie im Hinblick auf Nordirland, weil die Bestimmungen des *Northern Ireland Act* angesichts der angespannten politischen Situation immer wieder suspendiert worden sind, wohl aber im Hinblick auf Schottland.

V. *Bogdanor*, als *Professor of Government* in Oxford einer der führenden britischen Politikwissenschaftler, spricht von einer geteilten Souveränität zwischen den Parlamenten in London und Edinburgh: Der *Scotland Act* könne nur bei übereinstimmendem Willen beider Parlamente geändert werden.[266] Seine Aufhebung ist dadurch faktisch ausgeschlossen. Angesichts der unmittelbaren demokratischen Legitimation des schottischen Parlaments wird es zudem für ausgeschlossen erachtet, daß das *Westminster Parliament* die *Sewel Convention* brechen könnte, nach der es seine formal fortbestehende Gesetzgebungskompetenzen für Schottland gegen den Willen des Parlaments in Edinburgh nicht ausübt.[267] Die Gesetzgebung zur *devolution* hat somit einen faktischen Kompetenzverlust des *Westminster Parliament* bedingt. Mit den Worten *Bogdanors*: "*Constitutionally, the Scottish Parliament will clearly be subordinate. Politically, however, it will be anything but subordinate. [...] It is then in constitutional theory alone that full legislative power remains with Westminster. It is in constitutional theory alone that the supremacy of Parliament is preserved. [...] The Scotland Act will in effect supersede the supremacy of Parliament.*"[268]

---

[266] V. *Bogdanor*, Devolution in the United Kingdom, 1999, p. 292: "Thus, in practice, the supreme body with the power to alter the provisions of the Scotland Act will not be Westminster alone, but Westminster together with the Scottish Parliament. In so far as any major amendment of the Scotland Act is concerned, Westminster will have lost its supremacy." Diese Auffassung wird inzwischen durch eine entsprechende, von der *Sewel Convention* zu unterscheidende Verfassungskonvention gestützt, nach der das *Westminster Parliament* die im *Scotland Act* übertragenen Kompetenzen nicht ändert, ohne zuvor die Zustimmung des schottischen Parlaments eingeholt zu haben, näher A. *Page/A. Batey*, [2002] P. L. 501, at 507.

[267] Vgl. etwa die erhebliche Polemik gegen die Legitimation der Regierung unter *Thatcher*, weitreichende Reformen im Bereich der Kommunalverwaltung durchzuführen, da sie sich nur auf die Zustimmung von einem Drittel, im Norden von weniger als einem Viertel der Wähler stützen konnte, während die Kommunalverwaltungen über eine eigene demokratische Legitimation verfügten, bei I. *Loveland*, Constitutional Law, 2nd ed. 2000, p. 310; diese Argumentation hat im Hinblick auf die gewählten Parlamente in Schottland und Wales noch erheblich größere Überzeugungskraft.

[268] V. *Bogdanor*, Devolution in the United Kingdom, 1999, p. 288, p. 291, p. 294.

Die explizite Normierung im *Scotland Act*, daß die Gesetzgebungskompetenzen des *Westminister Parliament* für die schottische Rechtsordnung *de iure* ungeschmälert fortbestehen, bestätigt diese Beobachtung eines faktischen Kompetenzverlustes letztlich nur noch. Denn eine normative Wirkung haben diese Bestimmung und die Parallelnorm im *Northern Ireland Act*[269] nicht; sie sind deklaratorisch.[270] In ihnen ist normiert worden, was im Hinblick auf die Doktrin der Parlamentssuprematie eine Selbstverständlichkeit sein müßte, die nicht anders hätte geregelt werden können und deshalb nicht hätte normiert zu werden brauchen: die unbeschränkte Legislativkompetenz des Londoner Parlaments. Wenn es aber nötig ist, die formale Rechtslage eigens zu betonen, dann hat das *Westminster Parliament* beim Erlaß dieser Norm offenbar selbst Zweifel daran gehabt, ob es seine eigenen Kompetenzen künftig noch uneingeschränkt wird ausüben können. Folgt man der radikaleren Auffassung von *N. Burrows*,[271] hat die *devolution* nicht nur faktisch, sondern auch verfassungsrechtlich einen Kompetenzverlust des *Westminster Parliament* bewirkt: Die Gerichte würden im Fall eines Normenkonflikts im Bereich der *devolved matters* nicht die vom *Westminster Parliament* erlassene Norm anwenden, sondern diejenige des schottischen Parlaments.

Zu diesen Kompetenzverlusten des *Westminster Parliament* im Verhältnis zum schottischen Parlament tritt eine zweite Entwicklung im Verhältnis von Legislative und Judikative hinzu. Die *devolution* weist wichtige Kompetenzen den Gerichten zu: Sie entscheiden über die Kompetenzabgrenzung zwischen den Parlamenten. Formal kann das höchste Gericht zwar nur die Gesetze der *devolved bodies* für kompetenzwidrig erklären. In Verbindung mit der *Sewel Convention* bestimmt eine Gerichtsentscheidung zu den Kompetenzen der *devolved bodies* aber zugleich faktisch die Grenzen, innerhalb derer das *Westminster Parliament* seine eigenen Kompetenzen ausüben kann.

---

[269] *Sec. 5 (6) Northern Ireland Act, sec. 28 (7) Scotland Act.*
[270] Ebenso *D. Oliver*, Constitutional Reform in the UK, 2003, p. 248.
[271] *N. Burrows*, Devolution, 2000, p. 65; ausführlich im voranstehenden Abschnitt.

§ 5 Rechtsprechungsentwicklungen von verfassungsrechtlicher Relevanz

Verschiedene Reformen der britischen Verfassung haben keine unmittelbare und teilweise überhaupt keine Grundlage in einem Parlamentsgesetz, sondern sind in den letzten Jahren und Jahrzehnten von den Gerichten durch Rechtsprechungsänderungen und Fortentwicklungen des *common law* bewirkt worden. Der folgende Paragraph thematisiert derartige Rechtsprechungsentwicklungen, die grundsätzliche Auswirkungen auf das verfassungsrechtliche Verhältnis von Parlament, Exekutive und Gerichten haben: Die Gerichte nehmen heute Kompetenzen wahr, die ihnen in der überkommenen politischen Verfassung nicht zukamen und die deren zentrale Doktrin, die Parlamentssuprematie, in Frage stellen. Insgesamt haben die Gerichte ihre eigene verfassungsrechtliche Stellung sowohl im Verhältnis zur Exekutive (I.) als auch im Verhältnis zum Parlament (II. und III.) erheblich gestärkt.

I. Begründung von Rechtskontrollen über das Regierungs- und Verwaltungshandeln

Die britischen Gerichte üben heute in weitem Umfang Kompetenzen zur Rechtskontrolle hoheitlichen Handelns von Regierung und Verwaltung aus. Dem entspricht ein gewandeltes Selbstverständnis der Richterschaft, die ihre Funktion nicht auf die – vordergründig apolitische – Streitentscheidung zwischen Privaten beschränkt sieht, sondern die die Rechtskontrolle des Regierungs- und Verwaltungshandelns inzwischen zu ihren selbstverständlichen Aufgaben zählt.[272] Die prozessuale Grundlage dieser Rechtskontrollen bilden in der Regel die Verfahren des *judicial review*. Dieser gerichtliche Rechtsbehelf hat sich in der zweiten Hälfte des 20. Jahrhunderts aus verschiedenen Traditionslinien entwickelt. Während das Prozeßrecht für den *judicial review* seit 1977/1981 auf gesetzlicher Grundlage beruht, sind die materiellen Grundlagen gerichtlicher Rechtskontrollen

---

[272] Dazu *A. King*, Does the United Kingdom still have a constitution?, 2001, p. 59–61.

von den Gerichten selbst entwickelt worden, nämlich die maßgeblichen Kontrollmaßstäbe sowie Regeln zur Kontrolldichte und zur Justitiabilität bestimmter Erscheinungsformen hoheitlichen Handelns.

1. Prozessuale Grundlagen: claim for judicial review

Die gerichtliche Rechtskontrolle gegenüber hoheitlichem Handeln beruhte bis 1977 auf zwei getrennten Systemen von Rechtsbehelfen (*remedies*) mit eigenen Rechtstraditionen:[273] Um Individualrechtsschutz gegen hoheitliches Handeln konnte zum einen in denselben Formen nachgesucht werden wie gegenüber dem Handeln Privater. Dies waren zunächst die Schadensersatzklagen des *common law*, mit denen eine finanzielle Kompensationen für Schädigungen durch rechtswidriges Verhalten erstritten werden kann. Diese *common-law*-Klagen boten den Gerichten zudem die Möglichkeit, die Rechtswidrigkeit einer hoheitlichen Maßnahme festzustellen (Rechtsbehelf der *declaration*) oder rechtswidrige Maßnahmen zu untersagen (Rechtsbehelf der *injunction*).

Unabhängig hiervon bestanden bereits vor den Reformen von 1977 spezifisch öffentlich-rechtliche Rechtsbehelfe, nämlich die *prerogative remedies*. Ihr Ursprung liegt in den mittelalterlichen *prerogative writs*, königlichen Anweisungen an seine Diener. Diese ursprünglich monarchischen *remedies* konnten zum Schutz von Rechten einzelner von den Gerichten gewährt werden. Die Gerichte hatten die Kompetenz, unrechtmäßige Maßnahmen aufzuheben,[274] einen Träger öffentlicher Gewalt zu einer bestimmten Maßnahme zu verpflichten oder eine Handlung zu untersagen.[275] Daß der *judicial review* seinen Ursprung gerade auch in den *prerogative writs* hat, zeigt sich bis heute darin, daß die Krone Partei der Gerichtsverfahren ist: Auf Antrag eines privaten Klägers geht sie durch einen gerichtlichen Befehl gegen eine nachgeordnete Stelle vor.[276]

Da die quasi-zivilrechtlichen *common-law*-Klagen dem Kläger verschiedene prozessuale Vorteile boten,[277] war die praktische Bedeutung der *prerogative remedies* bis in die 1960er Jahre hinein sehr gering. Anderer-

---

[273] Überblicksdarstellungen bei *I. Loveland*, Constitutional Law, 2nd ed. 2000, p. 469–492, *O. Hood Phillips/P. Jackson/P. Leopold*, Constitutional and Administrative Law, 8th ed. 2001, p. 717–735.

[274] Rechtsbehelf des *certiorari* bzw. seit 2000 in neuer Terminologie der *quashing order*.

[275] Rechtsbehelfe des *mandamus/mandatory order* und des *prohibition/prohibiting order*.

[276] Vgl. die Verfahrensbezeichnungen bei Anträgen auf Erlaß einer *quashing order* (früher *certiorari*) oder einer *prohibiting order* (früher *prohibition*), nämlich "*R. (für Regina) v. ..., ex parte ...*" bzw. in jüngster Zeit "*R. (on the application of ...) v. ...*".

[277] Längere Klage- und Verjährungsfristen, keine Notwendigkeit einer Klagezulassung

seits boten auch die *common-law*-Klagen nur begrenzte Rechtsschutz-
möglichkeiten gegenüber hoheitlichem Handeln, insbesondere weil es im
Ermessen der Gerichte stand, Feststellungs- und Untersagungsentschei-
dungen zu treffen. Gegenüber der Krone konnten beide Gruppen von
Rechtsbehelfen keinen Rechtsschutz bieten: Für die *prerogative remedies*
war dies insofern konsequent, als es sich in ihrem Ursprung um Befehle des
Monarchen selbst handelte, der sich nicht selbst einer Rechtskontrolle unterziehen konnte; aber auch die *injunction* der *common-law*-Klagen stand
gegenüber der Krone nicht zur Verfügung. Diese Einschränkungen betra-
fen nicht allein das Handeln des Monarchen in Person, sondern auch und
im 20. Jahrhundert in erster Linie das Regierungs- und Verwaltungshandeln in Ausübung von *prerogative powers*, also einen erheblichen Teilbe-
reich der Ausübung hoheitlicher Gewalt.

Die prozessuale Behandlung dieser Rechtsbehelfe wurde 1977/1981
grundlegend reformiert, nämlich durch Einführung eines neuen und einheit-
lichen Rechtsbehelfs für öffentlich-rechtliche Rechtsstreitigkeiten, der *application for judicial review*.[278] Die Reformen haben ein einheitliches Verfah-
rensrecht für einen Rechtsbehelf in öffentlich-rechtlichen Streitigkeiten geschaffen, in denen die Gerichte sowohl die drei *prerogative remedies* als auch
die *common-law*-Rechtsbehelfe (*declaration* und *injunction*) gewähren können. Seit Oktober 2000 gilt ein modifiziertes Prozeßrecht für den *judicial review*, niedergelegt in den *Civil Procedure Rules, Part 54*.[279]

Die Ausweitung gerichtlicher Kontrollkompetenzen gegenüber Regierung und Verwaltung in den letzten Jahrzehnten beruht nicht auf diesen
Prozeßrechtsreformen. Die maßgeblichen materiellen Kontrollmaßstäbe[280] für den *judicial review* sind durch die Reformen des Prozeßrechts

---

(wie das sog. *leave* bei den *prerogative remedies*), erweiterte Zulässigkeit von Beweismit-
teln, näher *I. Loveland*, Constitutional Law, 2nd ed. 2000, p. 470–471.

[278] *Order 53 reforms*, zunächst – 1977 – durch Modifikation der Verfahrensregeln des
Supreme Court (nicht der 2003/2004 geplante *Supreme Court*, sondern die Zusammenfas-
sung von *High Court* und *House of Lords*), 1981 dann auf gesetzlicher Grundlage in *sec. 31
Supreme Court Act* 1981; seit 2000 in veränderter Terminologie: *claim for judicial review*.
Allgemein hierzu *O. Hood Phillips/P. Jackson/P. Leopold*, Constitutional and Administra-
tive Law, 8th ed. 2001, p. 698–726.

[279] Analyse der Einzelheiten dieser Prozeßrechtsreformen bei *M. Fordham*, [2001] P. L.
4, und *T. Cornford/M. Sunkin*, [2001] P. L. 11; jüngste Änderung durch die *Civil Procedures (Amendment) Rules 2003* und die *Civil Procedure (Modification of Supreme Court Act
1981) Order 2004* (relevante Auszüge bei *A. Grosche*, Europäisierung des Verwaltungsrechtsschutzes im Vereinigten Königreich, 2004, S. 108 ff.).

[280] Eine von prozessualen Fragen losgelöste verwaltungsrechtliche Dogmatik existiert
in Großbritannien kaum – nicht weil es keine vom Zivilrecht unterscheidbaren verwaltungsrechtlichen Rechtsgrundsätze gäbe (insofern ist *Dicey's* radikale Ablehnung jedes
droit public im englischen Recht überholt), sondern weil diese unter dem Aspekt gerichtlicher Kontrollkompetenzen diskutiert werden. Aufschlußreich ist insofern die Gliede-

von 1977/1981 und von 2000 weder geschaffen worden noch waren sie überhaupt Gegenstand dieser Reformen. Im Gegenteil: Die gesetzlichen Prozeßrechtsreformen, insbesondere diejenigen vom Oktober 2000, sind eine Reaktion auf eine Effektivierung des gerichtlichen Rechtsschutzes, die ganz wesentlich auf Rechtsprechungsleistungen der Gerichte beruht. Erst dadurch ist der *judicial review* zu einem effektiven und vielfach genutzten Rechtsbehelf geworden. Belegt wird dies durch deutlich gestiegene Eingangszahlen, die die genannten prozessualen Reformen zur Entlastung der Gerichte erforderlich gemacht haben.

2. Instrumente einer Ausweitung gerichtlicher Kontrollkompetenzen

Die Rechtsprechungsleistungen der Gerichte, die ihnen heute im Ergebnis eine nahezu ausnahmslose Rechtskontrolle über das Handeln der Exekutive ermöglichen, beziehen sich zunächst auf die materiellen Kontrollmaßstäbe des *judicial review*. Sie beinhalten aber auch eine Ausweitung der gerichtlichen Anordnungs- und Kontrollbefugnisse auf die ursprünglich nicht justitiable Ausübung von *prerogative powers* sowie die Durchsetzung nicht justitiabler Verfassungskonventionen durch Rückgriff auf justitiable Parallelnormen des *common law*.

a) Konturierung materieller Kontrollmaßstäbe des judicial review

Die Kontrollmaßstäbe des *judicial review* sind seit den 1960er Jahren durch die Gerichte entwickelt worden, wobei strittig ist, inwieweit hierfür Anknüpfungspunkte im *common law* bestanden. Rechtsprechung und Dogmatik zu den gerichtlichen Kontrollmaßstäben im Rahmen des *judicial review* sind inzwischen umfangreich und höchst differenziert. Einen vorläufigen Abschluß hatte die Entwicklung der Kontrollmaßstäbe 1985 durch eine Entscheidung des *House of Lords* gefunden, in der *Lord Diplock* die bis dahin entwickelten Kontrollmaßstäbe zusammengefaßt

---

rung von *Casebooks* und Lehrbüchern: Fragen des Verwaltungsverfahrens (*audi alterem partem, procedural fairness* etc.) und Fragen der materiellen Rechtmäßigkeit einer Verwaltungsmaßnahme (*illegality, irrationality, proportionality* etc.) werden stets in unmittelbarem Zusammenhang mit den gerichtlichen *remedies* und letztlich als Teilproblem der *remedies* diskutiert, nämlich unter Überschriften wie *"Judicial review: The Grounds"* (*M. Allen/B. Thompson* [eds.], Cases and Materials on Constitutional and Administrative Law, 6th ed. 2000, p. 612), *"Judicial control of public authorities: Liabilty"* (*O. Hood Phillips/P. Jackson/P. Leopold*, Constitutional and Administrative Law, 8th ed. 2001, p. 698) bzw. *"Substantive grounds of judicial review"* und *"Procedural grounds of judicial review"* (*I. Loveland*, Constitutional Law, 2nd ed. 2000, p. 405, p. 435).

hat: *"Judicial review has I think developed to a stage today when ... one can conveniently classify under three heads the grounds upon which administrative action is subject to control by judicial review. The first ground I would call 'illegality', the second 'irrationality' and the third 'procedural impropriety'. That is not to say that further developments on a case by case basis may not in course of time add further grounds."*[281]

Auf diese Entscheidung wird immer wieder Bezug genommen, die drei genannten Maßstäbe werden teilweise weiter untergliedert.[282] Nur wenige Jahre nach dieser Entscheidung waren auch weitere Kontrollmaßstäbe anerkannt, oder über ihre Anerkennung wird im Anschluß an einzelne Urteile lebhaft diskutiert: eindeutig gilt dies für die Grundrechte der EMRK seit dem Inkrafttreten des *Human Rights Act* im Jahr 2000, zudem für den Verhältnismäßigkeits- und den Vertrauensschutzgrundsatz, die allerdings noch keine abschließenden Konturen gewonnen haben.[283]

Die allmähliche Konturierung dieser Kontrollmaßstäbe im einzelnen nachzuverfolgen würde schnell jeden Rahmen sprengen. In generalisierender Form läßt sich sagen, daß die Justitiabilität von Verfahrensfragen außer Zweifel steht und daß die Gerichte in diesem Bereich eine strikte Kontrolle vornehmen, während die legitime Reichweite materieller Rechtskontrollen

---

[281] CCSU v. *Minister for the Civil Service*, [1985] A. C. 374, at 410; vor der Folie der deutschen verwaltungsrechtlichen Dogmatik könnten diese richterrechtlich entwickelten materiell-rechtlichen Grundlagen des *judicial review* als Handlungsmaßstäbe für das Verwaltungshandeln verstanden werden, nämlich als Vorgaben für das Verwaltungsverfahren und als materiell-rechtliche Bindungen verwaltungsrechtlicher Entscheidungen. In der deutschen Rechtsordnung würden diese Fragen als Probleme des Allgemeinen Verwaltungsrechts diskutiert, und in dieser Perspektive könnten Parallelen gezogen werden zwischen der Ausbildung der *judicial-review*-Grundsätze durch die britischen Gerichte und der Herausbildung eines rechtsstaatlichen Verwaltungsrechts in der Rechtsprechung der deutschen Verwaltungsgerichte, namentlich des Preußischen Oberverwaltungsgerichts seit 1875 (dazu etwa *Th. Henne*, Verwaltungsrechtsschutz im Justizstaat, 1995, *M. Ibler*, Rechtspflegender Rechtsschutz im Verwaltungsrecht, Tübingen 1999, S. 195 ff., und *G. Sydow*, Die Verwaltungsgerichtsbarkeit des ausgehenden 19. Jahrhunderts, 2000, S. 153 ff., 178 ff.). Da Ausgangspunkt des *common-law*-Denkens indes nicht das materielle Recht, sondern gerichtliche Rechtsbehelfe sind, erscheinen die richterrechtlich entwickelten Regeln zum *judicial review* aus britischer Sicht als Fragen nach gerichtlichen Kontrollmaßstäben.

[282] Allmählich setzt sich auch in systematischer Hinsicht eine Unterscheidung zwischen *procedural* und *substantive grounds of judicial review* durch, vgl. *I. Loveland*, Constitutional Law, 2nd ed. 2000, p. 405, p. 435.

[283] Dazu etwa *D. Oliver*, Constitutional Reform in the UK, 2003, p. 91–92, speziell zur Verhältnismäßigkeit *I. Loveland*, Constitutional Law, 2nd ed. 2000, p. 430–434, und *J. Jowell*, [2000] P. L. 671, at 678–680; daß es im Rahmen einer solchen wissenschaftlichen Abhandlung nötig ist, die im deutschen und europäischen Recht geläufige Prüfung (legitimes Ziel, Eignung, Notwendigkeit, Angemessenheit) zunächst einmal in diesen Einzelschritten vorzustellen (679) und an einem Beispiel durchzudeklinieren (680), zeigt, wie wenig etabliert dieses Konzept im britischen Recht ist.

umstritten ist und keine endgültige Klarheit darüber besteht, inwieweit die Exekutive über Letztentscheidungskompetenzen verfügt.[284] Von grundsätzlicher Bedeutung ist insofern, daß es sich beim *judicial review* nicht um einen *appeal* handelt, der eine Untersuchung der zu Grunde liegenden Tatsachen ermöglichen würde. *Review* ist gleichwohl nicht vorschnell mit dem Rechtsinstitut der Revision gleichzusetzen: Beweiserhebungen sind im *judicial-review*-Verfahren nicht unzulässig, im Hinblick auf die Prüfungsmaßstäbe aber in aller Regel nicht weiterführend und daher selten. Von verfassungsrechtlicher Relevanz für die Beurteilung des *judicial review* sind weniger die Einzelheiten der Kontrollmaßstäbe als die – unbestrittene – Beobachtung, daß im Laufe der Zeit zusätzliche Kontrollmaßstäbe entwickelt worden sind und daß die von *Lord Diplock* genannten Maßstäbe durch weitere Fälle konkretisiert und ausdifferenziert werden. Dies bedeutet zugleich eine wachsende gerichtliche Kontrolldichte über das Regierungs- und Verwaltungshandeln.

b) Ausweitung gerichtlicher Anordnungs- und Kontrollbefugnisse auf prerogative powers

Neben der intensivierten Kontrolldichte durch die nähere Konturierung der Kontrollmaßstäbe des *judicial review* ist eine weitere Entwicklung zu diskutieren, die die Stellung der Gerichte gegenüber der Exekutive erheblich gestärkt hat. Auch sie wirft Legitimationsprobleme im Hinblick auf die verfassungsrechtliche Stellung der Gerichte auf. Es geht um eine Ausweitung der gerichtlichen Anordnungs- und Kontrollkompetenzen auf Bereiche hoheitlichen Handelns, die traditionell als nicht justitiabel galten, nämlich auf die Ausübung von Prärogativrechten (*prerogative powers*) durch Regierung und Verwaltung. Ein wichtiger Teil der Kompetenzen der britischen Regierung und der Exekutive insgesamt beruht nicht auf gesetzlicher Grundlage, sondern auf derartigen monarchischen Prärogativrechten. Sie sind heute nur noch zu einem geringen Teil persönliche Vorrechte des Monarchen, etwa seine gerichtliche Immunität als Person. Überwiegend handelt es sich um Kompetenzen, deren Ausübung entweder in der Hand des Monarchen unter Bindung an den Ratschlag des Premierministers[285] oder in der Hand der Exekutive liegt. Zu diesen Prärogativrechten, die unmittelbar durch die Regierung ausgeübt werden, gehören neben der Abschlußkompetenz für völkerrechtliche Verträge insbesondere Or-

---

[284] Zur Diskussion der Kontrollmaßstäbe etwa *J. Jowell*, [1999] P. L. 448, at 450–456, guter Überblick auch bei *A. Tomkins*, Public Law, 2003, p. 172–182.

[285] Beispiel: Parlamentsauflösung; zur Reichweite der persönlich vom Monarchen ausgeübten Prärogativrechte und zum damit verbundenen politischen Gestaltungsspielraum *R. Blackburn*, [2004] P. L. 546, und *R. Brazier*, [2005] P. L. 45.

ganisation und Einsatz der Streitkräfte und des gesamten *Civil Service*, zudem etwa die Ausgabe von Reisepässen.

Bis in das 20. Jahrhundert hinein war die Ausübung der Prärogativrechte insgesamt nicht justitiabel, also auch dann nicht, wenn auf ihrer Grundlage die Regierung oder nachgeordnete Stellen der Exekutive gehandelt hatten. Der *Crown Proceedings Act* von 1947 hatte erstmals Schadensersatzklagen wegen Vertragsverletzungen oder unerlaubter Handlungen in Ausübung von *prerogative powers* zugelassen. Einer Rechtskontrolle im Wege des *judicial review* unterlag die Ausübung von Prärogativrechten durch die Regierung auch nach 1947 aber nur, wenn und soweit die Existenz einer *prerogative power* als Kompetenzgrundlage des Regierungshandelns in Frage stand. Eine über die Kompetenzkontrolle hinausgehende Rechtskontrolle an Hand der üblichen Kontrollmaßstäbe des *judicial review*, nämlich *illegality, irrationality* und *procedural impropriety*, war ausgeschlossen.

Im Anschluß an erste Modifikationen dieser Lehre durch Gerichtsurteile in den 1960er und 1970er Jahren hat das *House of Lords* die Ausübung von Prärogativrechten durch die Regierung 1985 grundsätzlich für justitiabel erklärt.[286] Das bahnbrechende Urteil betraf das *Government Communication Headquarters (GCHQ)*, das Radio- und Satellitenübertragungen im Ausland überwacht und damit nachrichtendienstliche Funktionen wahrnimmt. Da ein von mehreren Gewerkschaften getragener Streik diese nachrichtendienstliche Tätigkeit behindert hatte, hat die damalige Ministerin für den *Civil Service, Margaret Thatcher*, die Gewerkschaftsmitgliedschaft im Falle einer Beschäftigung im *GCHQ* untersagt und Beschäftigte, die nicht zum Gewerkschaftsaustritt bereit waren, auf andere Dienstposten außerhalb des *GCHQ* versetzt. Die Gewerkschaften haben die in Form einer *Order in Council*[287] erlassene Verbotsanordnung unter anderem mit der Begründung angegriffen, weder sie noch die betroffenen Beschäftigten seien angehört worden, die Anordnung sei also verfahrensfehlerhaft ergangen. Dieser Vorwurf wäre nach dem damaligen Entwicklungsstand des *judicial review* ohne weiteres einer gerichtlichen Kontrolle am Maßstab der *procedural impropriety* zugänglich gewesen, wenn Grundlage der Anordnung nicht eine *prerogative power*, sondern eine gesetzliche Kompetenzgrundlage gewesen wäre.

---

[286] *Council of Civil Service Union v. Minister for the Civil Service*, [1985] A. C. 374, abgekürzt (und weithin bekannt) entweder als *CCSU case* oder als *GCHQ case*.

[287] Instrument der Regierung zur exekutive Rechtsetzung und zum Erlaß allgemeiner Bestimmungen im Hinblick auf die Organisation der Regierung, der Streitkräfte und des *Civil Service*, formal ausgeübt durch den Monarchen *"by and with the advice of Her Privy Council"* (daher die Bezeichnung), näher O. *Hood Phillips/P. Jackson/P. Leopold*, Constitutional and Administrative Law, 8th ed. 2001, p. 334–335.

Das *House of Lords* hat in seiner Entscheidung nicht mehr darauf abgestellt, welcher Art die Kompetenzgrundlage des Regierungshandelns war. Entscheidend sei nicht, daß die fragliche *Order in Council* auf einer ursprünglich monarchischen Kompetenzgrundlage beruhe, sondern daß sie von der Regierung erlassen worden sei. Es fehle an jeder *"logical reason why the fact that the source of the power is the prerogative and not statute should today deprive the citizen of that right to challenge … In either case the act in question is the act of the executive. To talk of that act as the act of the sovereign savours of the archaism of past centuries."*[288]

Diese Argumentation stellt die Ausübung von *prerogative powers* und von *statutory powers* durch die Regierung nicht insgesamt gleich – als wesentlicher und kategorialer Unterschied bleibt, daß im Bereich der *royal prerogative* auch für hoheitliche Eingriffe in Rechte Privater keine parlamentarisch-gesetzliche Grundlage erforderlich ist. Gleichgestellt werden nur die Kontrollbefugnisse der Gerichte, und zwar zur Gewährleistung eines effektiven und lückenlosen Individualrechtsschutzes. Das Ergebnis ist in der britischen Verfassungslehre heute völlig konsentiert.[289]

Bemerkenswert an den Entscheidungsgründen ist insbesondere, worauf die Entscheidung *nicht* beruht: nämlich nicht auf völker- oder europarechtlichen Verpflichtungen, insbesondere nicht auf der EMRK, die auch vor Inkorporation ihrer Einzelgewährleistungen in das britische Recht 1998 für Großbritannien völkerrechtlich verbindlich war. Die Justizgarantien des Art. 6 EMRK beziehen sich zwar nur auf zivil- und strafgerichtliche Verfahren. In Betracht kam aber eine Verletzung des Rechts auf wirksame Beschwerde aus Art. 13 EMRK. Er gewährleistet zwar nicht den Zugang zu einem unabhängigen Gericht, wohl aber zu einer unabhängigen, unparteiischen Instanz, die nicht mit derjenigen identisch ist, gegen die das Verfahren geführt wird.[290] Da ein Eingriff in die Vereinigungsfreiheit durch einen britischen Minister in Frage stand,[291] war nicht ersichtlich, bei

---

[288] *Council of Civil Service Union v. Minister for the Civil Service*, [1985] A. C. 374, at 417 per *Lord Roskill*.

[289] Vgl. etwa das Urteil *M. v. Home Office*, [1994] A. C. 377 (dazu noch näher unten S. 80 f.).

[290] Übereinstimmend *Ch. Grabenwarter*, Europäische Menschenrechtskonvention, 2003, S. 407 f., und *A. Peters*, Einführung in die Europäische Menschenrechtskonvention, 2003, S. 141 f., jeweils in Zusammenfassung der insoweit eindeutigen und unbestrittenen Rechtsprechung des EGMR.

[291] Art. 11 Abs. 2 EMRK läßt zwar materiell Einschränkungen der Vereinigungsfreiheit zu, im konkreten Fall insbesondere aus Gründen der nationalen Sicherheit, verlangt dafür aber eine gesetzliche Grundlage, die eindeutig nicht bestand, oder für Angehörige der Staatsverwaltung eine rechtmäßige Einschränkung. Die Verfahrensrügen der Nichtanhörung ließen aber gerade an der verfahrensrechtlichen Rechtmäßigkeit dieses Eingriffs zweifeln, so daß ein Verstoß gegen Art. 11 EMRK zumindest plausibel hätte dargelegt werden können.

welcher unabhängigen, unparteiischen britischen Instanz außer den Gerichten eine wirksame Beschwerde hätte eingelegt werden können. Dies hätte es nahelegen können, das Entscheidungsergebnis des *House of Lords* mit der völkerrechtlichen Pflicht Großbritanniens aus Art. 13 EMRK, einen wirksamen Rechtsbehelf zu schaffen, zu begründen oder zumindest ergänzend abzustützen. In der gesamten Entscheidung findet sich indes auch nicht ansatzweise eine Erwägung zur EMRK. Das *House of Lords* hat das Erfordernis, daß die Ausübung von *prerogative powers* justitiabel sein müsse, ausschließlich aus dem britischen *common law* begründet.

Die *Law Lords* haben im Fall *GCHQ* die Ausübung von *prerogative powers* nicht insgesamt und ausnahmslos einer gerichtlichen Rechtskontrolle unterworfen. *Lord Roskill* hat in seiner *leeding speech* einzelne Prärogativrechte ausnahmsweise auch weiterhin für nicht justitiabel erklärt, weil sie allein Fragen des politischen Ermessen aufwerfen und sich deshalb einer richterlichen Erkenntnis verschließen würden. Hierzu zählte er die Aushandlung und den Abschluß völkerrechtlicher Verträge, Verteidigungsfragen, das Gnadenrecht, das Recht, Ehrungen und Auszeichnungen zu verleihen, die Auflösung des Parlaments und die Ernennung von Ministern.[292] In den Folgejahren sind indes weitere Urteile ergangen, in denen jedenfalls Einzelaspekte dieser Prärogativrechte – etwa bei der Ausübung des Gnadenrechts – einer gerichtlichen Kontrolle unterzogen worden sind, ohne daß die *excluded categories* insgesamt aufgegeben worden wären.[293]

c) Gerichtliche Durchsetzung von Verfassungskonventionen

Die Gerichte haben in einer Reihe von Fällen Verfassungssätze gerichtlich durchgesetzt, die nach bisherigem Verständnis Regeln der *comity* oder einer *constitutional convention* waren.[294] Anders als die Kontrollmaßstäbe des *judicial review*, die die Gerichte aus dem *common law* zur Rechtskontrolle des Regierungs- und Verwaltungshandelns entwickelt haben, können Verfassungskonventionen (*constitutional conventions*) aber nicht materielle Grundlage und Entscheidungsmaßstab gerichtlicher Urteile sein. Denn Verfassungskonventionen fehlt gerade die gerichtliche Durchsetzbarkeit. Die Gerichte haben diese *Dicey*'sche Lehre bislang stets respek-

---

[292] *Council of Civil Service Union v. Minister for the Civil Service*, [1985] A. C. 374, at 418.

[293] *R. v. Secretary of State for the Home Department, ex parte Bentley*, [1993] 4 All ER 442, at 452; näher zu diesen Beschränkungen der *excluded categories*: I. *Loveland*, Constitutional Law, 2nd ed. 2000, p. 99–101.

[294] Zur Bedeutung von Verfassungskonventionen nach überkommenem Verfassungsrecht oben S. 12 f.

tiert und davon abgesehen, am Maßstab einer Verfassungskonvention zu entscheiden. Die Gerichte sind indes nicht gehindert, auf das *common law* zurückzugreifen, in ihm eine Norm aufzufinden, die inhaltlich einer Verfassungskonvention entspricht, und dann deren Befolgung gerichtlich durchzusetzen. Die Kreativität, mit der in Einzelfällen solche Parallelnormen zu Verfassungskonventionen im *common law* aufgespürt worden sind, legt die Folgerung nahe, daß es letztlich darum geht, "*to enforce a convention by cloaking it with a common law label.*"[295] Dies hat nicht nur zur Folge, daß das Regierungshandeln erweiterten normativen Bindungen unterliegt, sondern daß es zugleich auch der gerichtlichen Kontrolle unterworfen wird.

Ein instruktives Beispiel bietet die Entscheidung *Crossman Diaries* aus dem Jahr 1975: *Richard Crossman* hatte als Kabinettsmitglied in der Regierung *Wilson* ausführliche Aufzeichnungen über die Kabinettsberatungen angefertigt, die nach seinen Tod – seinen ursprünglichen Intentionen gemäß und auf Wunsch seiner Witwe – von einem Verleger sukzessive publiziert worden waren. Die Regierung versuchte dies durch eine Unterlassungsklage (*writ of injunction*) zu unterbinden.[296] Als Begründung führte sie an, die Kabinettsberatungen seien stets als geheim betrachtet worden und müßten dies sein, um eine offene, kollegiale Beratung zu sichern. Sie könnten daher erst öffentlich gemacht werden, wenn sie Geschichte geworden seien und kein aktueller Bezug mehr bestehe. Der Verleger räumte ein, daß eine entsprechende Verfassungskonvention bestehe; diese binde aber nur "*in conscience*" und sei gerichtlich nicht durchsetzbar. Mit diesem Vorbringen hatte er keinen Erfolg.

Lord Widgery hat sein Urteil im wesentlichen auf eine sich entwickelnde – und in diesem Urteil erheblich weiterentwickelte – *equity*-Doktrin[297] gestützt, nach der kein wirtschaftlicher Vorteil aus der Veröffentlichung von Informationen gezogen werden dürfe, die innerhalb einer Vertrauensbeziehung erlangt worden sind. Diese Regel war im 19. Jahrhundert für Geschäftsgeheimnisse im Handelsverkehr entwickelt und wenige Jahre vor der Entscheidung auf Privatgeheimnisse erstreckt worden – das konkrete *precedent* aus dem Jahr 1967 betraf Wissen, das geschiedene Ehepartner während

---

[295] *I. Loveland*, Constitutional Law, 2nd ed. 2000, p. 255.

[296] *A.-G. v. Jonathan Cape Ltd*, [1976] 1 QB 752.

[297] Die *equity*-Regeln sind ihrem Ursprung nach dem *common law* gegenüberzustellen, werden heute aber oft als Teil des *common law* (im Gegensatz zum *statute law*) systematisiert, seit ihre gerichtliche Durchsetzbarkeit durch die *Judicature Acts* von 1873/1875 vereinheitlicht worden ist. Für den vorliegenden Zusammenhang besteht in der Tat kein Unterschied, weil *equity*- ebenso wie *common-law*-Regeln gerichtlich durchsetzbar sind und gerichtlich fortentwickelt werden; zur Unterscheidung von *common law* und *equity* etwa *T. A. Downes*, Textbook on Contract, 5th ed. 1997, p. 2–4.

der Ehe übereinander erlangt hatten und dessen Publikation nach der Scheidung untersagt werden kann. Den Einwand, daß die Übertragung dieser ursprünglich handelsrechtlichen Regel auf staatliche Geheimnisse eine erhebliche und letztlich nicht zu rechtfertigende Extension der *equity*-Regel bedeute, hat *Lord Widgery* zurückgewiesen, ohne für die Vergleichbarkeit der Fallgruppen einen größeren Begründungsaufwand zu treiben.[298] Die inhaltlich übereinstimmende Verfassungskonvention brauchte wegen dieses Rückgriffs auf das *common law* nicht zur Begründung herangezogen werden.

Einen weiteren Schritt in der Verrechtlichung der Ausübung von *prerogative powers* markiert das Urteil *M. v. Home Office* des *House of Lords* aus dem Jahr 1994.[299] Verständnishintergrund für die Entscheidung ist eine ungeschriebene Regel des Einvernehmens (*comity*), die sich zwischen den Gerichten und der Regierung herausgebildet hatte und die in der überkommenen Verfassungsordnung Grundlage ihres wechselseitigen Verhältnisses war. Danach kam die Regierung etwaigen gerichtlichen Anordnungen stets nach, ohne daß sie sich dazu rechtlich verpflichtet sah. Zur Begründung für die fehlende Rechtspflicht verwies die Regierung darauf, daß die Krone von gerichtlicher Erkenntnis ausgenommen sei und wesentliche Bereiche des Regierungshandels nicht auf gesetzlichen Kompetenzzuweisungen beruhen, sondern auf der Ausübung von *prerogative powers*.

In dem asylrechtlichen Abschiebeverfahren, das dem Urteil des *House of Lords* in der Rechtssache *M. v. Home Office* zu Grunde liegt, hatte der Innenminister gegen diese Einvernehmensregel gehandelt: Entgegen einer gerichtlichen Anordnung, einem Asylbewerber während des laufenden gerichtlichen Asylverfahrens Abschiebungsschutz zu gewähren, war der Betroffene abgeschoben worden. Das *House of Lords* erklärte diese Mißachtung des gerichtlichen Abschiebeverbots nicht allein für einen Bruch der Einvernehmensregel, sondern für einen Verstoß gegen eine Rechtspflicht der Regierung, gerichtliche Anordnungen zu beachten.[300] Denn die Immunität der Krone beziehe sich nur auf Handlungen des Monarchen in Person, nicht auf die Ausübung von *prerogative powers* in seinem Namen durch die Regierung. Der Bruch einer ungeschriebenen, rechtlich nicht bindenden Regel, deren generelle Beachtlichkeit die Regierung gar nicht in Frage stellen wollte, hat dem *House of Lords* als oberstem Gericht die

---

[298] *A.-G. v. Jonathan Cape Ltd,* [1976] 1 QB 752, at 769: "I cannot see why the courts should be powerless to restrain the publication of public secrets, while enjoying the *Argyll* powers [*Argyll* war Klägerin im geschilderten Ehescheidungsfall] in regard to domestic secrets."

[299] *M. v. Home Office,* [1994] A. C. 377.

[300] Vergehen des *Contempt of Court,* dazu generell O. *Hood Phillips/P. Jackson/P. Leopold,* Constitutional and Administrative Law, 8th ed. 2001, p. 580.

Möglichkeit eröffnet, diese Einvernehmensregelung in eine bindende Regel des Rechts umzuwandeln.

3. Verfassungsrechtliche Relevanz intensivierter Gerichtskontrollen über die Regierung und Verwaltung

Die Intensivierung der gerichtlichen Rechtskontrollen über das Regierungs- und Verwaltungshandeln wirft die Frage nach der verfassungsrechtlichen Stellung der Gerichte gegenüber Regierung und Verwaltung auf. Die Diskussion wird im britischen Schrifttum insbesondere im Hinblick darauf geführt, ob der *judicial review* eine materielle Grundlage im *common law* habe oder ob ihm eine *ultra-vires*-Konzeption zu Grunde zu legen sei, was eine parlamentarische Grundlage für die gerichtlichen Rechtskontrollen voraussetzt. Der *judicial review* ist damit zwar auch ein Rechtsinstitut des (Verwaltungs-)Prozeßrechts, er wird aber zugleich ein Problem des britischen Verfassungsrechts.[301] Die Auseinandersetzung reflektiert an einem konkreten Beispiel die Grundsatzkontroverse zwischen Parlamentssuprematie und *common-law*-Kompetenzen der Gerichte auf der Grundlage der *rule of law*.[302]

a) Die common-law-Konzeption gerichtlicher Kontrollbefugnisse

Nach verbreiteter Auffassung besteht für die gerichtliche Kompetenz zum *judicial review* keine parlamentarisch-gesetzliche Grundlage und ist eine solche auch nicht erforderlich. Die Befugnis zum *judicial review* leite sich nicht vom Parlament ab, sondern sei in der verfassungsrechtlichen Stellung der Gerichte unter dem *common law* begründet, nämlich in ihrer Aufgabe, Rechtsschutz zu gewähren, sei es gegenüber Privaten, sei es gegenüber hoheitlichem Handeln. *Judicial review* sei ein Konzept des *common law*. Für die gerichtlichen Kontrollbefugnisse und die richterrechtlich entwickelten Kontrollmaßstäbe bestünden hinreichende Anknüpfungspunkte im tradierten, den Gerichten anvertrauten Recht.[303] Nach dieser Auffassung haben die Gerichte, als sie seit den 1960er Jahren die heutigen Grundsätze des *judicial review* ausgebildet haben, eine seit dem 17. Jahrhundert ausgeübte

---

[301] *J. Jowell*, [2000] P. L 671, at 672: "Much (although not all) of judicial review will … shift decisively from administrative to constitutional law."

[302] Dazu oben S. 13 ff., insbes. S. 19 ff.

[303] *D. Oliver*, [1987] P. L. 543, *P. Craig*, in: Ch. Forsyth (Hg.), Judicial Review and the Constitution, 2000, p. 47–72, *J. Jowell*, [1999] P. L. 448, at 458–459; ebenso, freilich mit weiterreichenden Konsequenzen für die Möglichkeit gerichtlicher Normenkontrollen über Parlamentsgesetze *Lord Woolf*, [1995] P. L. 57, at 65.

und damit historisch legitimierte Kompetenz wahrgenommen. Diese tradierte Gerichtskompetenz ist nur weiterentwickelt und zu einem Rechtsbehelf ausgearbeitet worden, der heute auch gegenüber der enorm ausgeweiteten Exekutivtätigkeit effektiven Rechtsschutz gewährleiste.[304]

Dem Parlament bleibt es auch vom Boden der *common-law*-Konzeption aus nach überwiegender Auffassung unbenommen, die Kontrollkompetenzen, die die Gerichte gegenüber der Exekutive in großer Eigenständigkeit wahrnehmen, gesetzlich zu beschränken. Vom Ansatzpunkt der *common-law*-Konzeption aus wäre es zulässig, daß das Parlament im Zusammenhang mit der Errichtung einer Behörde und der gesetzlichen Aufgabenzuweisung detaillierte Regeln über ihre gerichtliche Kontrolle und die Kontrollmaßstäbe erläßt. Solange aber das Parlament nicht selbst materielle Regelungen für den *judicial review* schafft – was bislang jedenfalls explizit nirgends geschehen ist –, entwickeln die Gerichte diejenigen Prinzipien, die Grundlage der Rechtskontrolle über der Handeln der Exekutive sind.

Eine radikale *common-law*-Konzeption des *judicial review* wird von *Lord Woolf, Trevor Allan* und *Sir John Laws* vertreten: Ihrer Auffassung nach liegt im *common law* auch eine Kompetenz der Gerichte begründet, die Parlamentsgesetzgebung an Hand materieller *common-law*-Prinzipien auf ihre Wirksamkeit hin zu überprüfen. Die verfassungsrechtlichen Implikationen dieser Position sind bereits in § 2 ausführlich diskutiert worden.[305]

b) Ultra-vires-Konzeption: parlamentarische Legitimationsgrundlagen gerichtlicher Kontrollen

Nach der Gegenauffassung, die derartigen Relativierungen der Parlamentssuprematie entgegentritt, ist die Kompetenz der Gerichte zum *judicial review* in einer *ultra-vires*-Konzeption begründet.[306] *Judicial review* bezwecke allein die gerichtliche Kontrolle darüber, ob sich Verwaltungs- oder Regierungshandeln im Rahmen derjenigen Kompetenzen hält, die für die Exekutive durch ein Parlamentsgesetz begründet worden sind. *Judicial review* ist damit ein Instrument zur gerichtlichen Durchsetzung der Parlamentssuprematie im Verhältnis zur Exekutive, und seine Reichweite wird durch parlamentarische Kompetenzzuweisungen bestimmt. Die demokra-

---

[304] So die Argumentation von *D. Oliver*, Constitutional Reform in the UK, 2003, p. 95.
[305] Oben S. 21 ff.
[306] *Ch. Forsyth*, in: ders. (Hg.), Judicial Review and the Constitution, 2000, p. 29–46, *M. Elliot*, loc. cit., p. 83–110; vgl. zudem eine Reihe von Urteilspassagen, freilich nicht in tragenden Entscheidungsgründen, *R. v. Lord President of the Privy Council, ex parte Page*, [1993] A. C. 682, at 701–702, per *Lord Brown-Wilkinson*.

tische Legitimation dieser gerichtlichen Kontrollkompetenzen ist unproblematisch: Die Kontrollkompetenz wird den Gerichten nach dieser Auffassung zumindest implizit durch die Parlamentsgesetzgebung übertragen.

In unmodifizierter Form ist die *ultra-vires*-Konzeption indes unhaltbar und wird nicht mehr vertreten. Denn zum einen unterliegt dem *judicial review* nach ständiger und unbestrittener Rechtsprechung auch die Ausübung solcher Kompetenzen, deren Grundlage nicht ein Parlamentsgesetz ist, sondern das gewohnheitsrechtliche *common law* und die monarchische Prärogative. Mit der *ultra-vires*-Konzeption ist dies nicht in Einklang zu bringen. Zum anderen enthalten die Parlamentsgesetze, die Exekutivorganen Kompetenzen übertragen, in aller Regel keine konkretisierten Maßstäbe, die aus sich heraus eine gerichtliche Kontrolle ermöglichen würden. Die maßgeblichen Kontrollmaßstäbe – *illegality, irrationality* und *procedural impropriety* – sind unbestritten richterrechtliche Schöpfungen.[307] Mit der *ultra-vires*-Konzeption läßt sich dies nur dann vereinbaren, wenn jedem Parlamentsgesetz ein gesetzgeberischer Wille unterlegt wird, daß Exekutivorgane ihre Kompetenzen nur in rechtmäßiger, vernünftiger und verfahrensrechtlich fairer Weise ausüben dürfen (*general legislative intent model*[308]).

Diese Fiktion führt für die Kontrolle des Handelns der Exekutive weithin zu ähnlichen Ergebnissen wie die *common-law*-Konzeption des *judicial review*, indem in jede parlamentarische Kompetenzzuweisung an die Exekutive als Kompetenzausübungsschranken gerade diejenigen Maßstäbe hineingelesen werden, die die Gerichte als eigene Kontrollmaßstäbe entwickelt haben. Gleichwohl ist die Auseinandersetzung über die Legitimationsgrundlage des *judicial review* keine folgenlose Diskussion theoretisch-konstruktiver Art (an der britische Juristen kaum Interesse finden würden), sondern sie betrifft die Grenzen legitimer Rechtskontrolle durch die Gerichte.[309] Denn die Entscheidung über die Grundlagen des *judicial review* ist zugleich eine Vorentscheidung über das künftige Verhältnis zwischen Gerichten und Gesetzgeber. Wenn der *judicial review* allein der Durchsetzung eines – wenn auch impliziten oder fiktiven – parlamentarischen Willens dient, ist ausgeschlossen, was Autoren wie *Lord Woolf, T. Allan* und *Sir J. Laws* vom Boden der Gegenauffassung aus für denkbar erachten: Daß – wie bereits in § 2 ausführlich diskutiert – die Gerichte die parlamentarische Gesetzgebung selber für justitiabel halten und sie einer Normenkontrolle an Hand des *common law* unterwerfen.

---

[307] Näher oben S. 73 ff.
[308] Zu dieser Fiktion und ihrer Kritik *P. Craig*, [1999] P. L. 428, at 429–430, ebenso kritisch *Lord Woolf*, [1995] P. L. 57, at 66: Fiktion ohne jeden realen Anknüpfungspunkt.
[309] Dazu etwa *J. Jowell*, [1999] P. L. 448, at 449.

II. Formulierung von Interpretations- und Vermutungsregeln für die Parlamentsgesetzgebung

Die Parlamentssuprematie, Ausgangspunkt des verfassungsrechtlichen Verhältnisses von Parlament und Gerichten, beinhaltet in ihrer klassischen, durch *Dicey* geprägten Lesart die unmodifizierte Geltung des *lex-posterior*-Grundsatzes. Gerichtskontrollen über die Parlamentsgesetzgebung steht sie kategorisch entgegen: Sie schließt nicht nur die Existenz einer prinzipalen Normenkontrolle aus, sondern hindert die Gerichte ebenso, in anderen Verfahren – etwa beim *judicial review* über eine gesetzlich determinierte Verwaltungsentscheidung – die Gültigkeit eines entscheidungserheblichen Parlamentsgesetzes in Frage zu stellen.[310] Die Gerichte haben diese Lehren bislang ausnahmslos respektiert.[311] Sie haben aber verschiedene Interpretations- und Vermutungsregeln entwickelt, die es ihnen ermöglichen, materielle Vorgaben an die Parlamentsgesetzgebung im Wege der Gesetzesauslegung zur Geltung zu bringen. Letztlich entstehen dadurch materielle Bindungen des Gesetzgebers und korrespondierende gerichtliche Kontrollmöglichkeiten, zum einen am Maßstab des *common law* (1.), zum anderen am Maßstab älterer Parlamentsgesetze von grundsätzlicher Bedeutung (2.). Der Gesetzgeber könnte diesen Interpretations- und Vermutungsregeln indes nach ganz herrschender, freilich nicht mehr unbestrittener Auffassung durch eine explizit gegenteilige Normierung die Grundlage entziehen; die Letztentscheidungskompetenz des Parlaments wird so gewahrt.

1. Auslegung der Parlamentsgesetzgebung nach Maßgabe des common law

Die Gerichte leiten aus dem *common law* eine Reihe von Interpretations- und Vermutungsregeln für die Parlamentsgesetzgebung ab, die Ausdruck der Freiheits- und Gerechtigkeitsprinzipien des *common law* sind. Beispielsweise könne vermutet werden, daß das Parlament das Rückwirkungsverbot für Strafgesetze und sonstige Eingriffe in die Freiheit beachten und Eigentum nicht ohne Entschädigung enteignen wollte. Es bedarf deshalb beispielsweise auch einer expliziten gesetzlichen Formulierung, wenn ein Parlamentsgesetz Grundlage von Eingriffen in die natürliche Freiheit sein soll. Denn grundsätzlich sei zu vermuten, daß gesetzliche Bestimmungen nicht in die natürliche Freiheit eingriffen.

---

[310] Näher oben S. 8 f.
[311] Zur gesetzlich begründeten Modifikation durch den *Human Rights Act* oben S. 55 ff.

Gerechtfertigt werden diese Vermutungsregeln durch die Überlegung, daß die Prinzipien des *common law* ein Rahmen seien, in den hinein das Parlament seine Gesetze erlasse. Kein Parlamentsgesetz könne isoliert von der Rechtsordnung interpretiert werden, deren Teil es ist: *"Parliament does not legislate in a vacuum. It legislates for a European liberal democracy founded on the principles and traditions of the common law. And the courts may approach legislation on this initial assumption. But this assumption only has prima facie force. It can of course be displaced by a clear and specific provision to the contrary."*[312]

Verdeutlichen läßt sich diese Interpretationsregel am Urteil *R. v. Hallstrom, ex p. W.* Gestritten wurde über die Frage, ob eine freiheitsbeschränkende Behandlung eines geistig Behinderten gegen dessen Willen durchgeführt werden durfte, die nach dem Stand der psychiatrischen Erkenntnisse seinem objektiv verstandenen Wohl entsprach. Mangels eindeutiger und expliziter gesetzlicher Grundlage für den Eingriff hat das Gericht ihn für rechtswidrig erklärt, denn es gebe *"a canon of construction that Parliament is presumed not to enact legislation which interferes with the liberty of the subject without making it clear that this was its intention."*[313]

Das Parlament kann derartige Interpretationsvermutungen außer Kraft setzen, indem es seinen eigenen, entgegenstehenden Willen explizit erklärt: Eine explizite und eindeutige gesetzliche Norm würde die Vermutung entkräften, daß das Gesetz den *common-law*-Prinzipien entsprechen solle.[314] Nach traditioneller *Dicey*'scher Auffassung, die heutiger Rechtsprechung entspricht und unter britischen Verfassungsjuristen mehrheitlich für richtig erachtet wird, erweist sich in dieser Möglichkeit die Suprematie des Parlaments. Nach der Gegenauffassung, die insbesondere von *Lord Woolf, Sir John Laws* und *Trevor Allan* vertreten wird, zeigt sich in dieser Möglichkeit, daß die *presumptions of legislative intent* zwar zahlreiche Problemfälle angemessen zu lösen helfen. Im Konfliktfall würden die bloßen Interpretationsvermutungen als Sicherungen zentraler Freiheits-, Gerechtigkeits- und Demokratieprinzipien aber nicht ausreichen. Es sei deshalb erforderlich, die grundlegenden Prinzipien des *common law* gerichtlich zur Not auch gegen eine explizite Gesetzgebung durchzusetzen.[315]

---

[312] *R. v. Secretary of State for the Home Department, ex parte Pierson*, [1998] A. C. 539, at 587 per *Lord Steyn*; ähnlich *T. R. S. Allan*, Law, Liberty, and Justice, 1993, p. 79, und *J. Jowell* [1999] P. L. 448, at 457–458.

[313] *R. v. Hallstrom, ex parte W. (No. 2)*, [1986] 2 All ER 306, at 314.

[314] *Wills v. Bowley*, [1982] 2 All ER 654, at 662 per *Lord Lowry*: "To alter any clearly established principle of law, a distinct and positive legislative enactment is necessary and statutes are not presumed to alter the common law further or otherwise than the Act expressly declares."

[315] *T. R. S. Allan*, Law, Liberty, and Justice, 1993, p. 282; *ders.*, [2004] C. L. J. 685, at 686, ausführlich oben S. 21 ff.

2. Der Ausschluß des implied repeal von Parlamentsgesetzen

Einen ähnlichen Ansatz, der der Parlamentsgesetzgebung gewisse Schranken zieht, ohne die Letztentscheidungskompetenz des Parlaments anzutasten, bilden Lehren zum Ausschluß des *implied repeal*. Die Doktrin, daß das Parlament jederzeit Gesetze beliebigen Inhalts erlassen und dadurch jedes vorangehende Parlamentsgesetz auch implizit ändern oder aufheben könne, wird dazu modifiziert: Bestimmte gesetzliche Bestimmungen entziehen sich nach diesem Ansatz dem *implied repeal*, können also durch ein nachfolgendes Gesetz nur dann geändert werden, wenn es die früheren Bestimmungen explizit aufhebt.

a) Auslegung jüngerer Gesetze in Übereinstimmung mit älterem Parlamentsrechts von grundsätzlicher Bedeutung

Dogmatischer Erklärungsansatz für den Ausschluß des *implied repeal* ist nach herrschender Auffassung wiederum eine Auslegungsregel: Solange nicht explizit Gegenteiliges statuiert wird, wird das jüngere Gesetz so ausgelegt, daß es mit älterem Parlamentsrechts von grundsätzlicher Bedeutung nicht in Widerspruch gerät. Anders als bei den *presumptions of legislative intent*, die aus dem *common law* abgeleitet werden, werden die Maßgaben für die Auslegung von späteren Parlamentsgesetzen hier dem Parlamentsrecht entnommen. Derartige Ansätze stehen vor der Schwierigkeit, den Kreis derjenigen Parlamentsgesetze näher zu bestimmen, die nicht implizit geändert werden können und die deshalb – vorbehaltlich expliziter Klauseln in späteren Gesetzen – für diese als Kontrollmaßstab dienen.

Rechtsprechungsbeispiele betreffen insbesondere Fallkonstellationen, in denen eine etablierte gesetzliche Regel von allgemeiner Bedeutung durch eine Neuregelung durchbrochen worden sein könnte. Die Gerichte haben mehrfach der älteren *lex generalis* Vorrang vor einer jüngeren *lex specialis* eingeräumt, also die Neuregelung am bestehenden Parlamentsrecht gemessen und sie so ausgelegt, daß die bestehende ältere Regel nicht durchbrochen wurde. Entsprechende Präjudizien reichen weit zurück.

Ein vielzitiertes Urteil ist vom *House of Lords* Anfang des 20. Jahrhunderts erlassen worden. Verständnishintergrund dieser Entscheidung ist eine Bestimmung im damaligen Wahlrecht, nach der die Mitglieder einer Universität eigene Abgeordnete für das *Westminster Parliament* wählten. Der *Representation of People (Scotland) Act 1868* hatte die Wahlberechtigung in diesen universitären Wahlkreisen auf die Absolventen der jeweiligen Universität ausgedehnt. Nach dem *Universities (Soctland) Act 1889* konnten an schottischen Universitäten auch Frauen Abschlüsse erwerben. *Nairn*, eine weiblichen Absolventin der Universität St. Andrews, war der

Auffassung, daß sie durch ihren Universitätsabschluß das Recht erworben habe, im universitären Wahlkreis ihrer Universität zu wählen. Das *House of Lords* hat ihre Klage unter Verweis darauf abgewiesen, daß das Wahlrecht in Großbritannien nur Männern zustehe. Sofern der Gesetzgeber diese verfassungsrechtliche Grundentscheidung durch den *Universities (Soctland) Act 1889* für Akademikerinnen hätte durchbrechen wollen, hätte es einer expliziten Anordnung bedurft.[316]

1952 konnte im Anschluß an diese und weitere Entscheidungen in einem Urteil festgestellt werden: *"It is a well-established principle of construction that a statute is not to be taken as effecting a fundamental alteration in the general law unless it uses words that point unmistakably to that conclusion."*[317]

b) Normhierarchische Ansätze

In jüngerer Zeit sind auch normhierarchische Überlegungen über das Verhältnis von Parlamentsgesetzen untereinander angestellt worden. Sie führen zum selben Ergebnis wie die etablierten Interpretationsregeln, bieten aber einen neuen dogmatischen Erklärungsansatz für den Ausschluß des *implied repeal*. Entsprechende Passagen finden sich im Urteil *Thoburn v. Sunderland City Council*[318] von 2002. Der Fall ist als *Metric Martyrs case* bekannt, weil *Thoburn* und einige andere Gemüsehändler bewußt gegen das strafbewehrte Verbot europarechtlichen Ursprungs verstoßen hatten, weiterhin die englischen Maße und Gewichte zu nutzen. Ohne daß es hier auf Einzelheiten der einschlägigen, mehrfach geänderten britischen und europäischen Gesetzgebung ankäme, war letztlich die Frage streitentscheidend, ob der britische *European Communities Act* von 1972 implizit durch ein nachfolgendes Parlamentsgesetz geändert werden konnte.

Das Gericht hat dies mit folgender Begründung verneint: *"We should recognise a hierarchy of Acts of Parliament: as it were 'ordinary' statutes and 'constitutional' statutes … Ordinary statutes may be impliedly repealed. Constitutional statutes may not. … A constitutional statute can only be repealed, or amended in a way which significantly affects its provisions touching fundamental rights or otherwise the relation between citizen and state, by unambiguous words on the face of the later statute."*[319]

---

[316] *Nairn v. University of St. Andrews*, [1909] A. C. 147; zu dieser Rechtsprechung und weiteren vergleichbaren Fällen *I. Loveland*, Constitutional Law, 2nd ed. 2000, p. 42–43.

[317] *National Assistance Board v. Wilkinson,* [1952] 2 QB 648, at 661 per Devlin J.

[318] *Thoburn v. Sunderland City Council*, [2003] QB 151, per *Sir J. Laws*; Urteilsbesprechung durch *D. Campbell/M. Young*, [2002] P. L. 399–406.

[319] *Thoburn v. Sunderland City Council*, [2003] QB 151, at 186–187, zustimmend *D. Oliver*, Constitutional Reform in the UK, 2003, p. 100–101.

Constitutional statutes sind nach diesem Konzept solche Gesetze, die das rechtliche Verhältnis zwischen Bürger und Hoheitsgewalt in einer allgemeinen, grundlegenden Weise regeln oder die grundrechtliche Gewährleistungen erweitern oder einschränken. Beispiele seien die *Magna Charta*, die *Bill of Rights* oder aus den jüngeren Reformgesetzen der *Human Rights Act* und die Gesetzgebung zur *devolution*, schließlich der *European Communities Act* von 1972.

III. Durchsetzung des Anwendungsvorrangs des Europarechts

Die britischen Gerichte setzen den Anwendungsvorrang des Europarechts in der britischen Rechtsordnung inzwischen durch.[320] Seit 1989/1990 überprüfen sie die Gesetzgebung des *Westminster Parliament* an Hand des vorrangig anzuwendenden Europarechts, lassen britische Parlamentsgesetze im Konfliktfall außer Anwendung und nehmen die Kompetenz in Anspruch, die Europarechtswidrigkeit einer Norm auch in abstracto festzustellen. Den europarechtlichen Anforderungen an die mitgliedstaatlichen Rechtsordnungen[321] wird damit in der Praxis Genüge getan – wenn sie nicht übererfüllt werden –, ohne daß das grundsätzliche Verhältnis der beiden Rechtsordnungen zueinander abschließend geklärt wäre. Bemerkenswert an dieser Durchsetzung des Anwendungsvorrangs ist zum einen, daß die britischen Gerichte im Anwendungsbereich des Europarechts Kontrollkompetenzen über die Gesetzgebung des *Westminster Parliament* gewonnen haben, obwohl dieser Anwendungsvorrang mit der Doktrin der Parlamentssuprematie kaum in Einklang zu bringen ist. Bemerkenswert ist zum anderen, daß hierfür zwar gewisse Anhaltspunkte im britischen *European Communities Act* von 1972 gefunden werden können, daß aber der

---

[320] Repräsentativ *Thoburn v. Sunderland City Council*, [2003] QB 151, at 185: "The present state of our domestic law is such that substantive Community rights prevail over the express terms of any domestic law, including primary legislation, made or passed after the coming into force of the 1972 Act [European Communities Act], even in the face of plain inconsistency between the two." Ebenso *Government of the UK, White Paper: "Rights Brought Home: The Human Rights Bill"*, 1997, sec. 2.12.

[321] Der EuGH reklamiert seit der Entscheidung im Fall Costa/E.N.E.L. (EuGH Slg. 1964, 1251 ff. [1269 ff.]) den Vorrang des unmittelbar anwendbaren Gemeinschaftsrechts gegenüber sachlich widersprechendem Recht der Mitgliedstaaten. Nach Auffassung des EuGH folgt dieser Vorrang aus der Gemeinschaftsrechtsordnung als einer autonomen Rechtsordnung, die sich dadurch grundlegend von gewöhnlichen internationalen Verträgen unterscheide; für die europarechtliche Perspektive sei statt vieler verwiesen auf *B. Wegener*, in: Ch. Calliess/M. Ruffert (Hg.), Kommentar zu EUV und EGV, 2. Aufl. 2002, Art. 220 Rdnr. 21 ff.

Anwendungsvorrang und die daraus resultierenden gerichtlichen Kompetenzen und Modifikationen der Parlamentssuprematie erst 1989/1990 durch zwei aufeinanderfolgende Entscheidungen des *House of Lords* durchgesetzt worden sind. Beide Aspekte bedürfen im folgenden der Vertiefung.

1. Der European Communities Act 1972 als Ansatzpunkt

Die britische Regierung verfügt über eine *prerogative power*[322] zum Abschluß völkerrechtlicher Verträge. Während die Regierung das Vereinigte Königreich auf dieser Grundlage ohne parlamentarische Beteiligung völkerrechtlich binden kann, muß die innerstaatliche Wirksamkeit des Völkervertragsrechts durch ein Parlamentsgesetz vermittelt werden. Die Regierung ist verpflichtet, eine parlamentarische Zustimmung einzuholen, bevor sie nach außen eine völkerrechtliche Bindung eingeht. Diese dualistische Konzeption für das Verhältnis von Völkerrecht und britischem Recht sowie die interne Verpflichtung zur vorherigen parlamentarischen Beteiligung sind unbestritten.[323] Der Erlaß des *European Communities Act (ECA)* durch das *Westminster Parliament* im Jahr 1972 war deshalb einerseits die innerstaatliche Grundlage dafür, daß die Regierung 1973 den Beitritt zu den Europäischen Gemeinschaften vollziehen durfte. Gleichzeitig transformiert er die Bindungen aus dem Beitrittsakt in britisches Recht.

Bestimmungen zum Verhältnis von Europarecht und britischem Recht finden sich in *sec. 2 ECA. Sec. 2 (1) ECA* erklärt primär- und sekundärrechtliche Normen des Europarechts, denen nach dem Gemeinschaftsrecht unmittelbare Wirkung in den Mitgliedstaaten zukommt,[324] in Großbritannien für unmittelbar anwendbar. Eine Bestimmung, die innerstaat-

---

[322] Ursprünglich monarchische Kompetenz, deren Ausübung heute in der Hand der Regierung liegt, ohne daß es dazu einer parlamentarischen Beteiligung bedürfte; näher zu den *prerogative powers* schon oben im Zusammenhang mit ihrer gerichtlichen Überprüfbarkeit, S. 75 ff.

[323] Beispielsweise *R. v. Secretary of State for the Home Department, ex parte Brind*, [1991] 1 A. C. 696.

[324] Im Hinblick auf europäische Richtlinien verleiht *sec. 2 (2) ECA* der britischen Regierung und britischen Ministern die Kompetenz, den Umsetzungsverpflichtungen durch *Orders in Council* und durch *statutory instruments* nachzukommen (Handlungsformen exekutiver Rechtsetzung, die im Rang unterhalb des Parlamentsgesetzes stehen; näher *O. Hood Phillips/P. Jackson/P. Leopold*, Constitutional and Administrative Law, 8th ed. 2001, p. 665–669). Die Richtlinienumsetzung erfordert demnach unabhängig vom Inhalt der Richtlinie in keinem Fall ein Parlamentsgesetz, und es gibt auch in der Umsetzungspraxis kein Beispiel dafür, daß allein zur Umsetzung einer Richtlinie der Weg eines aufwendigen parlamentarischen Gesetzgebungsverfahrens beschritten worden wäre.

liche normative Grundlage des Anwendungsvorrangs für unmittelbar anwendbares Europarecht sein könnte, steht in *subsection 4*. Auszugsweise lautet *sec. 2 ECA*:

"(1) All such rights, powers, liabilities, obligations and restrictions from time to time arising by or under the Treaties, as in accordance with the Treaties are without further enactment to be given legal effect ... in the United Kingdom shall be recognised and available in law, and be enforced, allowed and followed accordingly. [...]

(4) ... any enactment passed or to be passed ... shall be construed and have effect subject to the foregoing provisions of this section; ..."

Diese Bestimmungen haben zahlreiche Interpretationskontroversen ausgelöst.[325] Denn offenbar unterwirft *sec. 2 (4) ECA* die Wirksamkeit der britischen Gesetzgebung insgesamt, also unter Einschluß der Parlamentsgesetze, den voranstehenden Bestimmungen der gesamten *sec. 2 ECA*. Insbesondere könnte danach die Wirksamkeit eines Parlamentsgesetzes von seiner Vereinbarkeit mit europarechtlichen Bestimmungen abhängig sein, denen *sec. 2 (1) ECA* unmittelbare Wirksamkeit verleiht.[326] Wenn diese Bestimmung wirklich in dieser Weise zu interpretieren ist, wäre sie mit der Doktrin der Parlamentssuprematie nur insoweit vereinbar, als sie sich auf britisches Recht bezieht, das älter als der *European Communities Act* ist. Der parlamentarische Gesetzgeber von 1972 konnte durch den *European Communities Act* älteren Gesetzen Wirksamkeit absprechen, soweit sie europarechtswidrig waren.

Interpretationsprobleme wirft die Norm demgegenüber für die nachfolgende Parlamentsgesetzgebung auf: Vor dem Hintergrund der überkommenen Doktrin der Parlamentssuprematie ist es zweifelhaft, ob in *sec. 2 (4) ECA* wirklich eine Norm gesehen werden kann, die unmittelbar anwendbarem Europarecht Anwendungsvorrang vor noch zu erlassendem britischem Parlamentsrecht verleiht. Denn diese Doktrin beinhaltet eine uneingeschränkte Geltung des *lex-posterior*-Grundsatzes.[327] Dem Parlament des Jahres 1972 fehlte deshalb die Kompetenz, eine spätere Gesetzgebung von ihrer Vereinbarkeit mit dem Europarecht abhängig zu machen und dadurch materiell zu binden. Vom Boden der klassischen Lehren des britischen Verfassungsrechts war es deshalb konsequent, in *sec. 2 (4) ECA* eine Norm zu sehen, die für die künftige Gesetzgebung des *Westminster Parlia-*

---

[325] Überblick etwa durch G. *Anthony*, UK Public Law and European Law, 2002, p. 75–101; näher unten S. 95 ff.

[326] So die spätere Interpretation durch das *House of Lords*: *R. v. Secretary of State for Transport, ex parte Factortame (No. 1)*, [1990] 2 A. C. 85, at 140.

[327] Beispielsweise *Ellen Street Estates v. Minister of Health*, [1934] KB 590, at 597; zur Möglichkeit des *implied repeal* schon oben S. 8.

ment keine Relevanz haben konnte. Vor diesem Hintergrund wurde ernsthaft diskutiert, ob Großbritannien den Anforderungen aus der EWG-Mitgliedschaft verfassungsrechtlich überhaupt genügen konnte.[328]

2. Durchsetzung des Vorrangs durch die britischen Gerichte

Der Konflikt zwischen Anwendungsvorrang und unmittelbarer Geltung des Europarechts einerseits und der britischen Doktrin der Parlamentssupremmatie mit ihren Konsequenzen für die eng begrenzte Rolle der Gerichte andererseits war demnach durch den *European Communities Act* 1972 nicht gelöst. Mehr noch: Der Konflikt *konnte* nach verbreiteter Auffassung durch den *European Communities Act* keiner Lösung zugeführt werden, weil dem britischen Parlament auf der Grundlage der Doktrin der Parlamentssupremmatie nicht die Kompetenz zukommt, sich der eigenen Supremmatie zu entäußern. Erst die Rechtsprechung des *House of Lords* aus den Jahren 1989/1990 hat *sec. 2 (4) ECA* eine Wirkung verliehen, die den europarechtlichen Anforderungen gerecht wird. Sie fordert aber zugleich die Doktrin der Parlamentssupremmatie heraus, wenn sie sie nicht im Anwendungsbereich des Europarechts aufhebt.

a) Vorabentscheidungsersuchen Factortame (No. 1) des House of Lords von 1989

Die grundlegenden Entscheidungen zur Durchsetzung des europarechtlichen Anwendungsvorrangs hat das *House of Lords* im – umfangreichen – Rechtsstreit in der Sache *Factortame* getroffen. Ausgangspunkt des Rechtsstreits war eine Änderung des britischen *Merchant Shipping Act* von 1894 durch *Part II* des *Merchant Shipping Act 1988*. Diese Rechtsänderung führte im Ergebnis dazu, daß Schiffe im Eigentum spanischer Fischer nicht mehr in Großbritannien registriert werden konnten und deshalb nicht mehr zum Fischen in britischen Gewässern berechtigt waren. Für den *High Court*, der zunächst als erstinstanzliches Gericht mit der *judicial-review*-Klage spanischer Fischer gegen ihre Nichtregistrierung befaßt war, stellte sich zunächst die materiell-rechtliche Frage, ob der *Merchant Shipping Act* 1988 mit den Grundfreiheiten zu vereinbaren sei – worüber ein Vorabentscheidungsersuchen an den EuGH gestellt wurde.

Zudem war fraglich, ob den Klägern bis zur Vorabentscheidung des EuGH einstweiliger Rechtsschutz gewährt werden müsse, um ihren noch

---

[328] Etwa *P. B. Keenan*, [1962] P. L. 327, at 333, rückblickend *D. Nicol*, [1999] J. L. S. 131, at 138.

ungeklärten europarechtlichen Anspruch, in britischen Gewässern zu fischen, einstweilen zu sichern. Der erstinstanzliche *High Court* hatte dies bejaht und die britische Registrierungsbehörde, den *Secretary of State for Transport*, durch eine Anordnung (*interim injunction*) verpflichtet, die Neufassung des *Merchant Shipping Act* einstweilen nicht zu Lasten von Fischern aus anderen EG-Staaten anzuwenden. Der *Court of Appeal* hatte diese Anordnung auf Berufung des *Secretary of State for Transport* aufgehoben, wogegen *Factortame* als betroffenes spanisches Fischereiunternehmen das *House of Lords* angerufen hat. Das *House of Lords* hat daraufhin 1989 dem EuGH ein weiteres Vorabentscheidungsersuchen mit der Frage vorlegt, ob ein mitgliedstaatliches Gericht in einer solchen Konstellation einstweiligen Rechtsschutz gewähren dürfe bzw. gewähren müsse, auch wenn dies nach dem nationalen Prozeßrecht nicht vorgesehen sei.[329]

Der Rechtsstreit in der Sache *Factortame* ist in der deutschen Rechtswissenschaft allein im Hinblick auf die Aussagen des EuGH in dieser Vorabentscheidung zum einstweiligen Rechtsschutz wahrgenommen worden.[330] Die Bedeutung des Rechtsstreits in der Sache *Factortame* reicht aber für die britische Rechtsordnung über dieses verwaltungsprozessuale Problem weit hinaus. Es bedurfte nämlich zunächst einer grundsätzlichen Klärung der Frage, ob europarechtlich begründete Rechte überhaupt in Großbritannien geltend gemacht und vor britischen Gerichten durchgesetzt werden können, wenn dem materiell ein britisches Parlamentsgesetz entgegensteht. Nur unter dieser Voraussetzung war es notwendig zu klären, ob der *Merchant Shipping Act 1988* mit dem Europarecht vereinbar war und ob bis zur Klärung dieser materiell-rechtlichen Frage einstweiliger Rechtsschutz gewährt werden sollte. Andernfalls, daß heißt für den Fall, daß im Konfliktfall ohnehin der *Merchant Shipping Act 1988* als britisches Recht Vorrang vor den europarechtlichen Diskriminierungsverboten hätte haben sollen, wären diese Fragen nicht entscheidungsrelevant gewesen: Das *House of Lords* hätte sogleich an Hand des *Merchant Shipping Act 1988* entscheiden können und müssen, das Vorabentscheidungsersuchen zur Frage der einstweiligen Gewähr von Rechtsschutz hätte sich erübrigt.

Statt dessen hat das *House of Lords* grundsätzlich geklärt, daß es den Anwendungsvorrang des Europarechts innerstaatlich auch gegenüber der

---

[329] *R. v. Secretary of State for Transport, ex parte Factortame (No. 1)*, [1990] 2 A. C. 85.

[330] Nach Auffassung des EuGH (EuGH Rs. C-213/89, Slg. 1990, I-2433 ff. [2475]) muß einstweiliger gerichtlicher Rechtsschutz zur Sicherung europarechtlicher Rechte, deren Bestehen vom EuGH noch geklärt werden muß, auch dann gewährt werden, wenn das nationale Prozeßrecht eine solche Möglichkeit nicht vorsieht. Für die britische Rechtsordnung hatte dies zur Konsequenz, daß seitdem im Anwendungsbereich des Europarechts einstweilige gerichtliche Entscheidungen (*interim injunctions*) auch gegen die Krone als zulässig und geboten erachtet werden.

Parlamentsgesetzgebung durchsetzen werde, sobald der EuGH im konkreten Fall die Europarechtswidrigkeit des britischen Rechts feststellt hat.[331] Zur Begründung hat *Lord Bridge* in seiner *leading speech*, der alle anderen Richter ohne eigene Ausführungen zustimmten, auf *sec. 2 (4) ECA* verwiesen. Diese Norm habe genau dieselben Wirkungen, als wenn in den *Merchant Shipping Act 1988* eine explizite Klausel aufgenommen wäre, nach der seine Bestimmungen nur vorbehaltlich direkt anwendbarer Rechte anwendbar sein sollen, die Bürger anderer EWG-Staaten aus dem Europarecht ableiten können.[332]

b) Entscheidung Factortame (No. 2) des House of Lords von 1990

Durch die zweite *Factortame*-Entscheidung von 1990 hat das *House of Lords* den beantragten einstweiligen Rechtsschutz tatsächlich gewährt, nachdem der EuGH erklärt hatte, eine derartige Verpflichtung bestehe auch, wenn das nationale Prozeßrecht hierfür keine Grundlage biete.[333] Das *House of Lords* setzte damit seine Rechtsauffassung zum Anwendungsvorrang des Europarechts, wie es sie seinem Vorabentscheidungsersuchen (*Factortame No. 1*) zu Grunde gelegt hatte, konsequent fort. Die Entscheidung bietet deshalb im Ergebnis nicht Neues, wohl aber eine vertiefte Begründung für den gerichtlich durchgesetzten Anwendungsvorrang, nachdem die Entscheidung *Factortame No. 1* und die entsprechende Vorabentscheidung des EuGH in Großbritannien harsche Kritik erfahren hatten.

Lord Bridge hat in der Entscheidung *Factortame No. 2* den Rekurs auf *sec. 2 (4) ECA* gegen diese Kritik verteidigt und für die eigene Rechtsauffassung den historischen Willen des britischen Gesetzgebers von 1972 in Anspruch genommen: Die Vorrangregel sei in der Rechtsprechung des EuGH bereits fest etabliert gewesen, bevor Großbritannien den Europäischen Gemeinschaften beigetreten sei. Folglich habe das *Westminster Parliament* den Beschränkungen seiner Suprematie freiwillig zugestimmt.[334]

---

[331] "... in so far as the applicants succeed before the E. C. J. in obtaining a ruling in support of the Community rights which they claim, those rights will prevail over the restrictions imposed on registrations of British fish vessels by Part II of the Act of 1988 and the Divisional Court will, in the final determination of the application for judicial review, be obliged to make appropriate declarations to give effect to those rights." *R. v. Secretary of State for Transport, ex parte Factortame (No. 1)*, [1990] 2 A. C. 85, at 140.

[332] *R. v. Secretary of State for Transport, ex parte Factortame (No. 1)*, [1990] 2 A. C. 85, at 140.

[333] *R. v. Secretary of State for Transport, ex parte Factortame (No. 2)*, [1991] 1 A. C. 603, in Reaktion auf EuGH Rs. C-213/89 (*Factortame*), Slg. 1990, I-2433 ff.

[334] *R. v. Secretary of State for Transport, ex parte Factortame (No. 2)*, [1991] 1 A. C. 603, at 658–659.

Die Entscheidung verdeutlicht, daß das *House of Lords* die Durchsetzung des Anwendungsvorrangs innerhalb der britischen Rechtsordnung – gegen eine verbreitete Auffassung britischer Verfassungsrechtler[335] – nicht als eigene Schöpfung im Anschluß an den EuGH, sondern als parlamentarische Entscheidung verstanden wissen will.

c) Abstrakte Feststellung der Europarechtswidrigkeit: Das Urteil Equal Opportunities Commission von 1994

Einen weiteren Schritt hat das *House of Lords* 1994 vollzogen, als es in der Entscheidung *Equal Opportunities Commission* eine Norm des britischen Rechts für europarechtswidrig erklärte, ohne zuvor den EuGH angerufen zu haben.[336] Das Urteil geht zudem über die europarechtlichen Anforderungen eines bloßen Anwendungsvorrangs hinaus: Das *House of Lords* hat die streitbefangene europarechtswidrige Norm des britischen Rechts in dieser Entscheidung nicht im Einzelfall außer Anwendung gelassen, sondern ihre Europarechtswidrigkeit in abstracto feststellt.

Dem Urteil[337] lag folgender Sachverhalt zu Grunde: Die durch den britischen *Sex Discrimination Act 1975* eingesetzte Gleichstellungskommission monierte, daß der britische *Employment Protection (Consolidation) Act 1978* indirekt Frauen diskriminiere. Er sehe nämlich für die – überwiegend männlichen – Vollerwerbstätigen einen erhöhten Kündigungsschutz im Vergleich zu den – überwiegend weiblichen – Teilzeitkräften vor. Die Gleichstellungskommission hatte sich zunächst an den *Secretary of State for Employment* mit der Aufforderung gewandt, für eine Änderung der Rechtslage Sorge zu tragen. Der Minister hatte die Norm in seinem Antwortschreiben aber für gerechtfertigt erklärt. Daraufhin klagte die Gleichstellungskommission gegen dieses Schreiben.[338] Den Einwand, die Klage sei schon deshalb unzulässig, weil sie sich gegen eine bloße Meinungsbekundung eines Ministers und nicht gegen eine rechtlich relevante Maßnahme richte, hat das *House of Lords* zurückgewiesen: Letztlich stehe nämlich

---

[335] Deutliche Betonung der Tatsache, daß der Konflikt zwischen Parlamentssuprematie und Anwendungsvorrang nur durch *gerichtliche* Entscheidung gelöst werden konnte, etwa bei *D. Nicol*, [1999] J. L. S., 135, at 138.

[336] *R. v. Secretary of State for Employment, ex parte the Equal Opportunities Commission*, [1995] A. C. 1; ausführliche Urteilsanalyse durch *P. Maxwell*, in: P. Carmichael/B. Dickson (eds.), The House of Lords, 1999, p. 197–211.

[337] *Declaratory relief*, also ein feststellendes Urteil.

[338] Eine im selben Verfahren erhobene Lohnfortzahlungsklage einer privaten Klägerin hatte schon der *Court of Appeal* für unzulässig erklärt, weil sie gegen die früheren Arbeitgeber und nicht gegen den *Secretary of State for Employment* hätte gerichtet werden müssen.

die Vereinbarkeit des *Employment Protection (Consolidation) Act 1978* mit dem Europarecht in Frage.

Damit stellte sich die Frage, ob das *House of Lords* diese Norm in diesem Verfahren abstrakt für europarechtswidrig erklären könne. Problematisch war insofern nicht die Antragsbefugnis der Gleichstellungskommission, weil der *Sex Discrimination Act 1975* ihr die gesetzliche Aufgabe zugewiesen hatte, auf die Beseitigung von Diskriminierungen hinzuwirken.[339] Fraglich war vielmehr, ob die allgemeine Befugnis der britischen Gerichte, in einem *judicial-review*-Verfahren feststellende Entscheidungen zu treffen, auch dazu berechtige, die Europarechtswidrigkeit einer Norm festzustellen. *Lord Keith of Kinkel* hat dies in seiner *leading speech*, der im Ergebnis alle Richter zustimmten, bejaht. Zur Begründung hat er auf die *Factortame-Entscheidungen* als Präjudizien verwiesen,[340] obwohl die Europarechtswidrigkeit dort im konkreten Fall streitentscheidend war, während hier eine abstrakte Rechtsfrage geklärt werden sollte.[341]

3. Verfassungsrechtliche Relevanz der Rechtsprechung des House of Lords zum Anwendungsvorrang des Europarechts

Wie die Rechtsprechung des *House of Lords* zum Anwendungsvorrang des Europarechts in die britische Verfassungsordnung einzuordnen und ob sie mit der Doktrin der Parlamentssuprematie in Einklang zu bringen ist, ist unter britischen Verfassungsjuristen umstritten.

a) Parlamentarische Selbstbeschränkung als dominierender Erklärungsansatz

Das *House of Lords* vermeidet es in den grundlegenden *Factortame*-Urteilen und in den Folgeurteilen, die unmittelbare Anwendbarkeit und den Anwendungsvorrang im Anschluß an den EuGH aus dem Europarecht als

---

[339] Im britischen Prozeßrecht ein Problem des Vorhandenseins von *locus standi*, vergleichbar der Antragsbefugnis bzw. dem Rechtsschutzbedürfnis im deutschen Prozeßrecht; hier gegen auf Grund der gesetzlichen Aufgabenzuweisung in *sec. 53 (1) Sex Discrimination Act 1975*.

[340] *R. v. Secretary of State for Employment, ex parte the Equal Opportunities Commission*, [1995] A. C. 1, at 27.

[341] Ein weiterer Richter, *Lord Browne-Wilkinson*, hat dementsprechend den Verweis auf die *Factortame*-Rechtsprechung nicht für überzeugend erachtet, sondern diese Feststellungsbefugnis abweichend begründet: Sie folge aus einer grammatikalischen und historischen Interpretation der *Judicial Review Procedures, Order 53: R. v. Secretary of State for Employment, ex parte the Equal Opportunities Commission*, [1995] A. C. 1, at 34–37, per *Lord Browne-Wilkinson*.

autonomer Rechtsordnung abzuleiten.[342] Denn dadurch wäre die Parlamentssuprematie im Anwendungsbereich des Europarechts eindeutig durchbrochen worden. Vielmehr argumentieren das *House of Lords* und im Anschluß die große Mehrzahl der britischen Verfassungsjuristen aus dem britischen *European Communities Act*. Die Argumentation führt im Ergebnis dazu, daß die Vorrangregel aus *sec. 2 (4) ECA 1972* auch auf spätere Parlamentsgesetze angewandt wird.

Dieser dogmatische Ansatz hat weitreichende Konsequenzen: Das Parlament könnte seine Suprematie bereits durch eine innerstaatliche Aufhebung dieser Norm zurückgewinnen, ohne daß es dazu eines völkerrechtlich wirksamen Austritts aus der Europäischen Union bedürfte. Darin läge zwar im Außenverhältnis ein Verstoß gegen die vertraglichen Verpflichtungen Großbritanniens den anderen EU-Staaten gegenüber. Innerstaatlich wäre aber durch Aufhebung des *European Communities Act* den britischen Gerichten die Kompetenz genommen, die Parlamentsgesetzgebung am Maßstab des Europarechts zu messen und im Konfliktfall außer Anwendung zu lassen.

Für die Gerichte bietet dieser Verweis auf den *European Communities Act* die Möglichkeit zu behaupten, daß durch die *Factortame*-Rechtsprechung *"nothing in any way novel"*[343] geschehen sei. So kann der Vorwurf zurückgewiesen werden, eine Rechtsfortbildung betrieben zu haben, zu der sie auf Grund ihrer verfassungsrechtlichen Stellung nicht berechtigt gewesen seien. Für die große Mehrheit der britischen Verfassungsrechtler liegt die Attraktion der *House-of-Lords*-Rechtsprechung gerade darin, daß sie mit überkommenem Verfassungsrechts, insbesondere mit der Doktrin der Parlamentssuprematie, vereinbar zu sein scheint: Das britische Parlament hat danach die Beschränkungen seiner Suprematie in *sec. 2 (4) ECA* selbst angeordnet. Von einer verfassungsrechtlichen Grundeinstellung aus, die den Lehren *Diceys* verpflichtet ist, hat es etwas Beruhigendes, daß weitreichende praktische Veränderungen bewirkt werden konnten, ohne zentrale Verfassungssätze aufgeben zu müssen.[344]

---

[342] Zum verwandten Ansatz des BVerfG, nach dem der Anwendungsvorrang Ausfluß einer völkervertragsrechtlichen Übertragung originär mitgliedstaatlicher Hoheitsrechte sei und deshalb die Gemeinschaft die verfassungsrechtlichen Grenzen der innerstaatlichen Übertragungsermächtigung zumindest generell achten müsse: BVerfGE 73, 339, 366 ff.; 89, 155, 190.

[343] *R. v. Secretary of State for Transport, ex parte Factortame (No. 2)*, [1991] 1 A. C. 603, at 659 per *Lord Bridge* (in Verteidigung der Entscheidung *Factortame No. 1* gegen bisweilen harsche Kritik, insb. durch die damalige Premierministerin *Thatcher*).

[344] Dazu kritisch *G. Anthony*, UK Public Law and European Law, 2002, p. 76: "For the courts ... far-reaching practical change has been affected without any need for corresponding conceptual adaptation."

Nur wenige britische Juristen halten demgegenüber den Versuch, die Durchsetzung des Anwendungsvorrangs aus dem britischen Recht heraus zu erklären und ihn dadurch in Einklang mit der überkommenen Verfassungsordnung zu bringen, grundsätzlich für verfehlt. Sie plädieren statt dessen für einen genuin europarechtlichen Ansatz. Der Vorwurf an die Mehrheitsposition geht dahin, daß der Rückgriff auf überkommene Verfassungssätze dazu zwinge, die Wechselwirkungen zwischen der eigenen und der europäischen Rechtsordnung auf das notwendige Minimum zu beschränken. Der britischen Rechtsordnung fehle damit die Möglichkeit, auf internationale Rechtsentwicklungen angemessen zu reagieren.[345]

b) Das Problem fehlender parlamentarischer Willensbildung zum Anwendungsvorrang

Der Versuch, den europarechtlichen Anwendungsvorrang dogmatisch aus dem britischen *European Communities Act* abzuleiten, steht freilich vor dem Problem, daß kein parlamentarischer Wille nachweisbar ist, durch Erlaß des *European Communities Act* und insbesondere durch *sec. 2 (4) ECA* einen solchen Anwendungsvorrang des Europarechts über britisches Parlamentsrecht zu begründen. Im Gegenteil: In einer neueren Untersuchung hat *D. Nicol* dargelegt, daß ein derartiger parlamentarischer Wille eindeutig nicht bestand. Denn die entsprechenden Anforderungen einer Mitgliedschaft in den Europäischen Gemeinschaften an die nationale Rechtsordnung seien in den Beitrittsdiskussionen und in den parlamentarischen Beratungen vor 1972 nicht erkannt worden. Die zentralen EuGH-Entscheidungen zum Anwendungsvorrang und der unmittelbaren Anwendbarkeit – *van Gend, Costa/E. N. E. L.* und *Internationale Handelsgesellschaft* – fanden weder in den parlamentarischen Beratungen des *Westminster Parliament* irgendeine Erwähnung, noch wurden sie im juristischen Fachschrifttum diskutiert.[346] Gerichtsentscheidungen wurden offenbar auf Grund der britischen Verfassungstradition nicht als relevant für politische Grundsatzentscheidungen wahrgenommen.

Soweit britische Beitrittsgegner mit einem Verlust parlamentarischer Souveränität argumentierten, bezog sich dies stets auf einen Verlust von Kompetenzen an die europäischen Institutionen, namentlich „nach

---

[345] So die Grundthese bei *M. Hunt*, Using Human Rights Law in English Courts, 1997, p. 77 und passim; im Anschluß an ihn *G. Anthony*, UK Public Law and European Law, 2002, p. 75–77.

[346] *D. Nicol*, [1999] J. L. S. 131, at 139, 142: Von den 179 britischen Parlamentsabgeordneten, die in der sechstägigen Grundsatzdebatte über den EWG-Beitritt im Oktober 1971 sprachen, hat niemand die grundlegenden Entscheidungen des EuGH auch nur erwähnt; irgendeine Erwähnung fand der EuGH nur in drei Redebeiträgen von *backbenchers*.

Brüssel" an den Ministerrat. Daß die Mitgliedschaft im Anwendungsbereich des Europarechts zu einer Kontrollkompetenz britischer Gerichte über die britische Parlamentsgesetzgebung führen könnte, lag außerhalb des Vorstellungsvermögens.[347] Auch in den Diskussionen im Vorfeld des Referendums von 1975 über den Austritt aus den Europäischen Gemeinschaften waren zwar Souveränität und Souveränitätsverlust ein zentrales Thema. Auch dies bezog sich aber stets auf einen Verlust britischer Souveränität an die politischen Organe der Europäischen Gemeinschaften und nie auf wachsende Kompetenzen der Gerichte, sei es des EuGH oder des britischen *House of Lords*.[348]

c) Das Problem einer parlamentarischen Selbstbeschränkung für die Zukunft

Der Einwand einer fehlenden parlamentarischen Willensbildung zum Anwendungsvorrang beim Erlaß des *European Communities Act* läßt sich entkräften, indem nicht der historische Wille des Gesetzgebers von 1972, sondern der im Gesetz niedergelegte Wortlaut für maßgeblich erklärt wird. Auch in diesem Falle gerät aber der Ansatz über *sec. 2 (4) ECA* zumindest partiell in einen Konflikt mit der Doktrin der Parlamentssuprematie, nämlich mit der Lehre einer uneingeschränkten Zulässigkeit des *implied repeal*.[349] Es ist alles andere als selbstverständlich, daß der im *European Communities Act* angeordnete Anwendungsvorrang des Europarechts auch für die nachfolgende Gesetzgebung gelten soll. Wenn jedes Parlamentsgesetz durch jedes spätere Parlamentsgesetz auch implizit geändert werden kann, wie es überkommener Verfassungslehre entspricht, muß eine Erklärung dafür gesucht werden, wie der *ECA 1972* vor einem *implied repeal* durch nachfolgendes Parlamentsrecht geschützt sein kann.

Anhänger der klassischen Lehren *Diceys*, etwa *Sir William Wade*, haben hieraus gefolgert, daß die *Factortame*-Rechtsprechung die Parlamentssuprematie als grundlegende Doktrin des britischen Verfassungsrechts zu Fall gebracht habe.[350] Die Mehrzahl der Verfassungsrechtler versucht eine derart radikale Interpretation dieser Rechtsprechung zu vermeiden. Der

---

[347] Vgl. aus dem Schrifttum vor dem Beitritt etwa *P. B. Keenan*, [1962] P. L. 327–343; retrospektive und detaillierte Analyse der parlamentarischen Willensbildung bei *D. Nicol*, [1999] J. L. S. 131, at 139–145, *ders.*, EC Membership and the Judicialization of British Politics, 2001, p. 76–116, ebenso *I. Loveland*, Constitutional Law, 2nd ed. 2000, p. 355.

[348] *D. Nicol*, [1999] J. L. S. 131, at 144.

[349] Zum *implied repeal* als Teil der Doktrin der Parlamentssuprematie oben S. 8.

[350] *Sir W. Wade*, [1991] L. Q. R. 1, at 4, *ders.*, [1996] L. Q. R. 568, at 571: "While Britain remains in the EU we are in a regime in which Parliament has bound its successor successfully, and which is nothing if not revolutionary." Nachzeichnung der Diskussionslinien bei *St. Schieren*, Die stille Revolution, 2001, S. 164 ff.

europarechtliche Anwendungsvorrang wird dadurch dogmatisch erklärt, daß im Hinblick auf *sec. 2 (4) ECA* allein eine Teilaussage der Doktrin der Parlamentssuprematie, die Lehre zum *implied repeal*, modifiziert worden sei.[351] Zurückgegriffen wird dabei auf die seit langem etablierten Auslegungsregeln, die verfassungsrechtliche Grundentscheidungen dem *implied repeal* entziehen.[352] Es sei zu vermuten, daß das Parlament bei jeder späteren Gesetzgebung die 1972 im *European Communities Act* übernommenen Verpflichtungen habe achten wollen. Solange das Parlament diese Vermutung nicht durch eine explizite Normierung widerlege, müsse das britische Parlamentsrecht in europarechtskonformer Weise ausgelegt und angewendet werden.[353]

Sec. 2 (4) ECA räumt nach dieser dogmatischen Konstruktion dem Europarecht nur insoweit Anwendungsvorrang vor nachfolgendem Parlamentsrecht ein, als ein späteres Gesetz den Vorrang nicht ausdrücklich ausschließt. Dem Parlament bleibt es unbenommen, eine spätere Bestimmung explizit in einer Weise zu normieren, daß sie Vorrang vor widersprechendem Europarecht hat. Der Anwendungsvorrang gilt danach „bis auf weiteres". Die Parlamentssuprematie wird gewahrt. Zugleich wird aber ein Konflikt mit dem EuGH in Kauf genommen: Nach dessen Auffassung folgt der Anwendungsvorrang aus dem Europarecht als autonomer Rechtsordnung und kann deshalb nicht durch mitgliedstaatliche Gesetzgebung aufgehoben werden – auch nicht durch explizite Europarechtsverstöße. Der Konflikt ist nicht ausgetragen, weil die Gesetzgebung des *Westminster Parliament* nach 1972 bislang in keinem Fall explizit für den Fall eines Widerspruchs zu einer unmittelbar anwendbaren Bestimmung des Europarechts den Vorrang der nationalen Bestimmungen angeordnet hat. Nach Auffassung der britischen Verfassungsjuristen, die diese Konzeption vertreten und die sie gerade entwickelt haben, um die Parlamentssuprematie ungeachtet des regelmäßigen Vorrangs des Europarechts zu wahren, müßten die britischen Gerichte in einem solchen expliziten Konfliktfall dem Willen des britischen Parlaments folgen und den Europarechtsverstoß innerstaatlich durchsetzen.

---

[351] Ansatzpunkte für derartige Modifikationen der Lehren des *implied repeal* finden sich bereits in der älteren Rechtsprechung; der Anwendungsbereich derartiger Lehren ist nicht auf das Verhältnis des Europarechts zum britischen Recht beschränkt, sondern betrifft auch das Verhältnis britischer Parlamentsgesetze untereinander.

[352] Oben S. 86 ff.

[353] *Sir J. Laws*, [1995] P. L. 72, at 89.

§ 6 Resümee

I. Strukturfragen der britischen Verfassungsreformen

Die Ausdrücke *constitutional reform* und *constitutional change* werden im britischen Schrifttum im Hinblick auf den Verfassungsreformprozeß im Vereinigten Königreich im Singular und im Plural verwandt.[354] Während die Begriffe im Plural ohne weiteres auf die zahlreichen Verfassungsreformgesetze seit 1998 und auf die ebenso bedeutsamen Rechtsprechungsentwicklungen von verfassungsrechtliche Relevanz bezogen werden können, bereiten die Singularformen zunächst Verständnisschwierigkeiten. Denn Verfassungsreform bezeichnet sicher keine einmalige Gesamtrevision der britischen Verfassung, von der angesichts der schrittweisen Verwirklichung zahlreicher eigenständiger Reformprojekte keine Rede sein kann. Verfassungsreform bezieht sich statt dessen auf eine tieferliegende, den Einzelreformen gemeinsame Entwicklung von struktureller Bedeutung für die Verfassung als ganze. Sie kann schlagwortartig als Herausbildung einer rechtsnormativen Verfassung an Stelle der überkommenen politischen Verfassung gekennzeichnet werden; im britischen Schrifttum stehen hierfür auch *constitutionalism* und *constitutionalisation*.[355] Auf der Grundlage der Analyse zahlreicher Einzelreformen in den vorangehenden Paragraphen ist es nun möglich, derartige strukturelle Aspekte des britischen Verfassungsreformprozesses noch einmal resümierend herauszuarbeiten.

1. Verfassungsreform als Begrenzung der politischen Gestaltungsfreiheit der Mehrheit

Zahlreiche Verfassungsreformen der letzten Jahre begrenzen die politische Gestaltungsfreiheit der britischen Regierung und der sie tragenden Parlamentsmehrheit im Sinne der Konzeption des *limited government*. Der po-

---

[354] Vgl. bereits oben S. 1 ff., insbes. S. 4.
[355] *D. Oliver*, Constitutional Reform in the UK, 2003, p. 25–27, p. 385–387; Begriff bereits im Untertitel bei *T. R. S. Allan*, Law, Liberty, and Justice, 1993.

litische Prozeß wird normativen Bindungen unterworfen; bestimmte Entscheidungen werden dem politischen Prozeß gänzlich entzogen.

a) Verrechtlichung: Normative Bindungen des politischen Prozesses

Verfassungsreform bezeichnet zunächst einen Verrechtlichungsprozeß, der das Handeln politischer Akteure normativen Bindungen unterwirft (*juridification of politics*). Ein erheblicher Teil des politischen Prozesses unterlag in Großbritannien traditionell ungeschriebenen Verfassungskonventionen, die allein politische Bindungswirkung entfalten, in aller Regel beachtet werden, aber nicht gerichtlich durchsetzbar sind.[356] Derartige Verhaltensregeln sind heute vielfach fixiert und in unterschiedlicher Weise mit Mechanismen zu ihrer Durchsetzung ausgestattet. Die Normierungsdichte ist teilweise hoch, insbesondere in Sachbereichen, die in jüngerer Zeit Gegenstand von Reformen gewesen sind.[357] Teilweise haben auch die Gerichte diese Verrechtlichung des politischen Prozesses vorangetrieben, indem sie eine bloße Verfassungspraxis durch normativ verbindliche *common-law*-Regeln abgestützt haben.[358]

Verfassungskonventionen, die das Verhältnis der Regierung zur Öffentlichkeit steuern, sind häufig als *Codes of Practice* oder *Codes of Conduct* publiziert worden. Beispiele bieten der *Code of Practice of Written Consultation* für die öffentlichen Konsultationen vor Einbringung von Gesetzentwürfen und der *Code of Practice on Access to Government Information* für die Informationszugangsfreiheit.[359] Derartige *Codes* sind als *soft law* für die Regierungsstellen bindend, nicht aber gerichtlich durchsetzbar. Im Falle ihrer Mißachtung bestehen teilweise Beschwerdemöglichkeiten an parlamentarische Beauftragte, im Fall des Informationszugangs an den *Parliamentary Commissioner for Administration,* einen dem *House of Commons* verantwortlichen Ombudsmann. Dessen Stellungnahmen haben sich als effektives Instrument zur Änderung einer restriktiven Informationspolitik erwiesen.[360] Teilweise war der Erlaß von *soft law* ein Zwischenschritt zur Zuerkennung normativer Verbindlichkeit und gericht-

---

[356] Oben S. 12 f.

[357] Ein instruktives Beispiel bieten die in jeder Hinsicht durchnormierten Beziehungen der Zentralinstitutionen zu den *devolved bodies*, dazu oben S. 59 ff.

[358] Rechtsprechungsbeispiele oben S. 78 ff.

[359] *Code of Practice on Access to Government Information*, 2nd ed. 1997 (abrufbar unter http://www.dca.gov.uk/foi/ogcode981.htm). Überblick bei *D. Oliver*, Constitutional Reform in the UK, 2003, p. 16–18.

[360] *Code of Practice on Access to Government Information*, 2nd ed. 1997, Part I, par. 3; dazu *D. Oliver*, Constitutional Reform in the UK, 2003, p. 161–163; vgl. zur Tätigkeit des *Parliamentary Commissioner for Administration* auch die entsprechende homepage unter www.ombudsman.org.uk.

licher Durchsetzbarkeit. Das Inkrafttreten des *Freedom of Information Act* im Jahr 2005 hat beispielsweise als zweiten Schritt, ein Jahrzehnt nach der Veröffentlichung des *Code of Practice on Access to Government Information*, gerichtlich durchsetzbare Informationszugangsrechte geschaffen.

b) Entpolitisierung: Herauslösung von Entscheidungen aus dem politischen Prozeß

Die Gestaltungsmacht der Mehrheit ist außer durch Verrechtlichung des politischen Prozesses auch dadurch begrenzt worden, daß bestimmte Fragen der Entscheidungsbefugnis oder Einflußnahme des Parlaments und der Regierung entzogen werden. Ein – aus deutscher Perspektive vertrautes – Beispiel bietet die Unabhängigkeit der *Bank of England* von der Regierung in währungspolitischen Fragen.[361] Diese Reform ist unmittelbar nach dem Regierungswechsel von 1997 bewirkt worden, ohne daß es einen europarechtlich zwingenden Grund hierfür gab: Da das Vereinigte Königreich den Euro als gemeinsame Währung nicht eingeführt hat und dessen Einführung in absehbarer Zeit auch nicht zu erwarten ist, unterliegt es nicht den Bindungen aus Art. 108 EGV.

2. Verfassungsreform als Teilkodifizierung des Verfassungsrechts

Neben der Verrechtlichung großer Bereiche des politischen Prozesses haben die Verfassungsreformgesetze der letzten Jahre zumindest teilweise auch eine Kodifizierung der bislang weithin ungeschriebenen Verfassung bewirkt. Während das Projekt einer Gesamtkodifikation zwar diskutiert wird, aber auf absehbare Zeit keine Realisierungschance haben dürfte,[362] existiert inzwischen eine Reihe verfassungsrechtlicher Teilkodifikationen. Parlamentsgesetze bestimmen die britische Verfassungsordnung heute nicht mehr nur punktuell in Form von Einzelkorrekturen des überkommenen *common law*, sondern in Teilbereichen umfassend: Der *Human Rights Act 1998* hat durch die Inkorporation der EMRK in das britische

---

[361] Vgl. die Darstellung des Finanzministeriums: *Her Majesty's Treasury*, Reforming Britain's Economic and Financial Policy, 2001, p. 85–109; aus der älteren Diskussion schon *A. Busch*, in: H. Kastendiek/R. Stinshoff (eds.), Changing Conceptions of Constitutional Government, 1994, p. 115.

[362] Vgl. insb. die Debatte im *House of Lords* vom 15. September 2004 mit insgesamt 30 Redebeiträgen (H. L. Deb., vol. 664, col. 1242). Zu den Möglichkeiten und dem Nutzen einer Vollkodifikation zudem *R. Brazier* [1992] Stat. L. R. 104, und *D. Oliver*, Constitutional Reform in the UK, 2003, p. 4–7; sehr skeptisch inzwischen zur Realisierungschance eines solches Projekts *R. Brazier*, Constitutional Reform, 2nd ed. 1998, p. 7.

Recht einen geschriebenen Grundrechtskatalog geschaffen, der über materielle Grundrechtsgewährleistungen hinaus verfahrensrechtliche Bestimmungen für ihren Schutz im parlamentarischen Verfahren und durch die Rechtsprechung enthält. Die Gesetzgebung zur *devolution*, ebenfalls von 1998, hat die Staatsstruktur und das Verhältnis des Vereinigten Königreichs zu Schottland, Wales und Nordirland grundsätzlich neu gestaltet.

Die schriftliche Fixierung verfassungsrechtlicher Grundentscheidungen in einigen wenigen, zentralen *constitutional statutes*[363] ist zwar für sich betrachtet von geringer rechtlicher Relevanz, solange die Kernaussage der Doktrin der Parlamentssuprematie, daß das Parlament diese Gesetze jederzeit ändern und aufheben kann, unangetastet bleibt. Die zentralen Verfassungsreformgesetze von 1998, insbesondere der *Human Rights Act* und der *Scotland Act*, gelten aber als faktisch nicht aufhebbar. Die politischen Bindungen, die durch sie entstanden sind, sind nach verbreiteter Auffassung unter britischen Politikwissenschaftlern nicht nur hoch, sondern unüberwindbar.[364] Auch de iure ist für den *Human Rights Act* ein gewisses Maß an Änderungsfestigkeit erreicht, indem er, ähnlich wie der *European Communities Act* von 1972, dem *implied repeal* entzogen ist.[365]

3. Verfassungsreform als Judizialisierung: Zunehmende Gerichtskompetenzen

Der dritte Aspekt des Konstitutionalisierungsprozesses, die Unterwerfung des politischen Prozesses unter gerichtliche Kontrollen, ist mit dem Verrechtlichungsprozeß eng verbunden.[366] Er bedingt einen Zuwachs an gerichtlichen Kontrollkompetenzen und damit eine Veränderung in der Machtbalance zwischen Parlament und Gerichten zu Gunsten der Judikative. Dies wird freilich häufig erst auf den zweiten Blick deutlich: Verschiedene Entwicklungen scheinen nämlich *prima facie* allein eine Verlagerung

---

[363] Begriff aus dem Urteil *Thoburn v. Sunderland City Council*, [2003] QB 151, per *Sir J. Laws*.

[364] *A. King*, Does the United Kingdom still have a constitution?, 2001, p. 80–81. Die Richtigkeit dieser Auffassung wird etwa dadurch unterstrichen, daß inzwischen auch die Konservative Partei *"strongly committed"* ist, die *devolution* zum Erfolg zu führen: *"It's time for action"* – *Conservative Election Manifesto 2005*, p. 21 (http://www.conservatives/com/pdf/manifesto-uk-2005.pdf).

[365] Oben S. 86 ff.

[366] Nach allgemeiner Auffassung, die sich etwa in *Diceys* Unterscheidung von *constitutional laws* und *constitutional conventions* niedergeschlagen hat (*A. V. Dicey*, Introduction to the Study of the Law of the Constitution, 10th ed. 1959, p. 417–473), ist der Rechtscharakter eines Verfassungssatzes im britischen Verfassungsrecht ohnehin nicht als solches feststellbar, sondern abhängig von seiner gerichtlichen Durchsetzbarkeit.

von Gesetzgebungskompetenzen auf andere Legislativen zu bewirken, namentlich auf den europäischen Gesetzgeber und auf die Parlamente in Schottland und Nordirland. Die Gerichte gewinnen dadurch aber mittelbar Kontrollfunktionen über die britische Parlamentsgesetzgebung.

a) Gerichtskontrollen über das Handeln der Exekutive

Die britischen Gerichte, die traditionell im wesentlichen zivil- und strafgerichtliche Funktionen wahrgenommen hatten, sind zu einem Kontrollorgan über die Exekutive geworden. Die Verfassungsreformgesetze der letzten Jahre übertragen den Gerichten eine Reihe expliziter Kontrollkompetenzen: Sie kontrollieren insbesondere die Tätigkeit der *devolved bodies* auf die Einhaltung der Kompetenzgrenzen, die die Gesetzgebung zur *devolution* festgeschrieben hat, und überprüfen die Vereinbarkeit hoheitlichen Handelns mit den Gewährleistungen der EMRK.[367]

Ebenso wie der Verrechtlichungsprozeß ist der Zuwachs gerichtlicher Kontrollkompetenzen nicht allein Folge einzelner Parlamentsgesetze, sondern auch – und in diesem Fall in erster Linie – Folge einer Weiterentwicklung der Rechtsprechung durch die Gerichte selber. Die Gerichte haben den *judicial review* zu einem Rechtsbehelf entwickelt, der ihnen eine effektive und weitgehend flächendeckende Rechtskontrolle des Regierungs- und Verwaltungshandelns ermöglicht.[368] Die richterrechtlich entwickelten Grundsätze des *judicial review* ermöglichen den Gerichten heute auch eine Kontrolle über zahlreiche Verwaltungsentscheidungen, beispielsweise über die Ausübung königlicher Prärogativrechte durch die Regierung, die unter der klassischen Verfassungsordnung nicht der gerichtlichen Erkenntnis unterlagen.

b) Gerichtliche Normenkontrollkompetenzen

Die Parlamentssuprematie als Kern der klassischen Verfassungsordnung schließt gerichtliche Normenkontrollen über die Gesetzgebung des *Westminster Parliament* aus. Gerichtliche Normenkontrollen sind allein im Hinblick auf exekutive Rechtsetzung in Form von *delegated* oder *secondary legislation* möglich.[369] Weitere Normenkontrollkompetenzen sind durch die *devolution* 1998 geschaffen worden: Gesetze der *devolved bodies* können am Maßstab der Gesetze des *Westminster Parliament* ge-

---

[367] Oben S. 55 ff. bzw. S. 66 ff.

[368] Oben S. 70 ff., insbes. S. 73 ff.

[369] Zur Zulässigkeit und den prozessualen Einzelheiten von Normenkontrollen über *secondary legislation*: O. *Hood Phillips/P. Jackson/P. Leopold*, Constitutional and Administrative Law, 8th ed. 2001, p. 671, p. 729–730.

richtlich überprüft werden. Die Parlamentsgesetzgebung ist in diesen Fällen Kontrollmaßstab, nicht aber Kontrollgegenstand. Die Suprematie des *Westminster Parliament* wird durch derartige Normenkontrollverfahren nicht beschränkt, sondern im Gegenteil im Konfliktfall gegenüber anderen Normgebern gerichtlich durchgesetzt.

Normenhierarchien, die die Möglichkeit einer gerichtlichen Kontrolle über die Parlamentsgesetzgebung eröffnen würden, waren demgegenüber bis vor wenigen Jahren undenkbar. Inzwischen aber überprüfen die britischen Gerichte die Parlamentsgesetzgebung auf ihre Vereinbarkeit mit direkt anwendbarem Recht der Europäischen Union. Sie stellen fest, ob *Acts of Parliament* mit den inkorporierten Gewährleistungen der EMRK vereinbar sind. Schließlich wird die Auffassung vertreten, daß die Gerichte im Falle eines Normenkonflikts zwischen einem *Act of Parliament* und einem Gesetz der *devolved bodies* den *Act of Parliament* außer Anwendung lassen müßten.[370]

Der *European Communities Act 1972* sowie der *Human Rights Act 1998*, die den Vorrang des Gemeinschaftsrechts bzw. der EMRK-Gewährleistungen vermitteln, sind insofern änderungsfest, als sie durch nachfolgende Parlamentsgesetze nicht implizit geändert oder aufgehoben werden können.[371] Denselben Ansatz verfolgt mit einem normhierarchischen Ansatz das Konzept der *constitutional statutes*, das *Sir J. Laws* in der Entscheidung *Thoburn v. Sunderland City Council* 2002 entworfen und ausdrücklich nicht europarechtlich begründet oder auf den Anwendungsbereich des *European Communities Act* beschränkt hat.[372] Dadurch entsteht innerhalb der Parlamentsgesetze ein höherrangiger Maßstab für einfache Parlamentsgesetze, an dem diese gerichtlich überprüft werden können, solange sie nicht explizit eine Änderung von *constitutional statutes* aussprechen. Noch einen Schritt weiter würde es gehen, wenn die Parlamentsgesetzgebung entgegen dem traditionellen Verständnis der Parlamentssuprematie auch ungeschriebenen Bindungen aus dem *common law* unterläge. Damit wäre grundrechtlichen Gewährleistungen des tradierten *common law* normhierarchischer Vorrang vor der Parlamentsgesetzgebung eingeräumt, der auch gegenüber einer expliziten Gesetzesbestimmung gerichtlich durchgesetzt werden müßte.[373]

---

[370] *N. Burrows*, Devolution, 2000, p. 65.
[371] Oben S. 86 ff. und S. 98 f.
[372] Ausführlich oben S. 87 f.
[373] Zu derartigen Konzeptionen oben S. 21 ff.

II. Gründe des Verfassungsreformprozesses

Die Strukturmerkmale der britischen Verfassungsreformen – insbesondere Verrechtlichung des politischen Prozesses unter gerichtlichen Kontrollen, Kodifikation und Änderungsfestigkeit verfassungsrechtlicher Grundentscheidungen, Geltung von Grundrechten als unmittelbar anwendbares Recht auch gegenüber dem Gesetzgeber – legen die Einschätzung nahe, daß die britische Verfassung sich kontinentaleuropäischen Verfassungstraditionen annähert. Es ist These dieser abschließenden Überlegungen, daß ein derartiger Annäherungsprozeß in der Tat zu konstatieren ist, daß er aber nicht primär auf europäischen – oder enger: auf europarechtlichen – Einflüssen beruht, die eine Annäherung erzwingen würden. Soweit die britische Verfassungsentwicklung europäischen Einflüssen unterliegt, wirken sie als Katalysatoren für Reformen, die bereits aus innerbritischen Gründen für notwendig erachtet werden. Zentrale Bedeutung kommt insofern einer Legitimationskrise der überkommenen britischen Verfassung zu.

1. Europarechtliche Vorgaben und Reformimpulse

Die These, daß die britischen Verfassungsreformen im wesentlichen europarechtlich bedingt seien, hat im deutschen Schrifttum vor allem *St. Schieren* verfochten; auch in Großbritannien gibt es Untersuchungen mit ähnlicher Grundthese.[374] Die Europäisierungsthese ist als dominierender Erklärungsansatz für die britischen Verfassungsreformen indes aus mehreren Gründen zweifelhaft.

Die Anzahl von unmittelbar normativ bindenden europarechtlichen Reformvorgaben für die britische Verfassung ist gering. Die europarechtlichen Lehren der unmittelbaren Anwendbarkeit und des Anwendungsvorrangs zwingen im Anwendungsbereich des Europarechts – aber eben auch nur dort – zu einer Modifikation der Doktrin der Parlamentssuprematie.[375] Weiterreichende Maßgaben von verfassungsrechtlicher Relevanz sind dem Unionsrecht nicht zu entnehmen, insbesondere nicht der Homo-

---

[374] *St. Schieren*, Die stille Revolution, 2001; umfassend zur Judizialisierung der britischen Politik durch die EU-Mitgliedschaft *D. Nicol*, EC Membership and the Judicialization of British Politics, 2001, p. 178–228.

[375] Näher oben S. 95 ff. Eine über die Durchsetzung des Anwendungsvorrangs hinausreichende, überschießende Wirkung der Mitgliedschaft in der Europäischen Union könnte insofern vermutet werden, als die Parlamentssuprematie im Anwendungsbereich des Europarechts modifiziert, wenn nicht durchbrochen ist und dies als Präzedenzfall für weitere, ihrerseits nicht europarechtlich bedingte Modifikationen dieser Doktrin dienen könnte. Die Annahme, daß die Mitgliedschaft in der Europäischen Union das „Eis gebrochen" habe, wird aber durch die Argumentationen für andere Verfassungsreformen nicht ge-

genitätsklausel des Art. 6 Abs. 1, 2. Hs. EUV. Sie zielt auf eine Sicherung vorhandener gemeinsamer Verfassungsprinzipien, erfordert aber keine Anpassung der britischen Verfassungsordnung an kontinentaleuropäische Vorstellungen.[376] Die EMRK verpflichtet schließlich das Vereinigte Königreich völkerrechtlich zur Beachtung ihrer Grundrechtsgewährleistungen. Es bestand aber keine Verpflichtung, diese Gewährleistungen – wie durch den *Human Rights Act* geschehen – in innerstaatlich anwendbares Recht zu transformieren. Schließlich war auch die währungspolitische Unabhängigkeit, die der *Bank of England* 1997 zugestanden worden ist, nicht europarechtlich bedingt, da das Vereinigte Königreich nicht zu den Teilnehmern der Währungsunion zählt und damit nicht den Bindungen aus Art. 108 EGV unterliegt.

Soweit also Reformen der britischen Verfassung europarechtlich bedingt sind, kommen nur mittelbare Europäisierungseinflüsse in Betracht, insbesondere eine allmähliche, über das Europarecht vermittelte Rezeption dogmatischer Figuren aus kontinentaleuropäischen Rechtsordnungen.[377] Auch wenn sie schwer zu messen sind, ist das Vorhandensein derartiger mittelbarer Einflüsse nicht zu bestreiten. So dürfte die Inkorporation der EMRK auf längere Sicht eine Veränderung in der Argumentationsweise der britischen Gerichte bewirken; schon seit den 1980er Jahren zitieren britische Gerichte gelegentlich, seit den 1990er Jahre häufig EMRK-Bestimmungen.[378] Insbesondere wirkt die Judikatur der europäischen Gerichte EuGH und EGMR als Transformator dogmatischer Figuren, in der

---

stützt: Die Rechtsfolgen der – weithin unpopulären – EU-Mitgliedschaft dienen nirgends als Argument für weitere Verfassungsreformen.

[376] Zur Homogenitätsklausel insb. *F. Schorkopf*, Homogenität in der Europäischen Union, 2000, S. 69 ff.; die Überlegungen zu Homogentitätsanforderungen in der europäischen Integrationsgemeinschaft sind alt, waren freilich in aller Regel blaß, vgl. etwa *W. Pleines*, Homogenität in der europäischen bundesstaatlichen Verfassung, Diss. Kiel 1973, oder *H.-P. Ipsen*, in: FS G. Dürig 1990, S. 159 ff. (mit recht vagen Annäherungen an den Homogenitätsbegriff auf S. 172).

[377] Vgl. die Analyse aktueller deutscher und französischer Einflüsse auf das britische Recht durch *Sir K. Schiemann*, in: R. Schulze/U. Seif (Hg.), Richterrecht und Rechtsfortbildung in der Europäischen Rechtsgemeinschaft, 2003, S. 189 ff.

[378] Umfangreiche statistische Auswertungen durch *M. Hunt*, Using Human Rights Law in English Law, 1997, p. 326–376, Appendix I: 1953 – 1970: 1 Zitat; 1971 – 1980: 14 Zitate; 1981 – 1990: 140 Zitate, 1991 – 1996: 291 Zitate. Vgl. auch die Beobachtung von *D. Oliver*, Constitutional Reform in the UK, 2003, p. 331, gestützt auf ein Zitat der Entscheidung *Starrs v. Ruxton* (2000 JC 208), per *Lord Reed*, der die Stellung der *temporary sheriffs* (Richterstellung in Schottland) für nicht hinreichend unabhängig erklärte und dazu ausführlich auf die fundamentalen Veränderungen rekurrierte, die der *Human Rights Act* für das Verfassungsdenken bewirkt habe: Er bewirke "a very important shift in thinking about the constitution. It is fundamental to that shift that human rights are no longer dependent solely on convention ... The Convention guarantees the protection of rights through legal process, rather than political process ... It would be inconsistent with the whole approach

Grundrechtsdogmatik beispielsweise für das Verhältnismäßigkeitsprinzip.[379] Seine Rezeption ermöglicht eine erheblich strukturiertere und auch materiell dichtere Kontrolle des Verwaltungshandelns im Wege des *judicial review* als die aus dem *common law* stammenden Prüfungsmaßstäbe. Die Auseinandersetzung mit verfassungsrechtlichen und verfassungstheoretischen Denkfiguren aus anderen europäischen Staaten wird auch an der Verwendung unübersetzt gebliebener Fachbegriffe deutlich, etwa der deutschen Begriffe Verfassungsstaat[380], Kompetenz-Kompetenz[381] oder Grundnorm[382].

Derartige Beispiele finden sich zwar in jüngerer Zeit häufiger, sie bleiben aber selten. Der Wahrnehmung von Diskussionen aus anderen europäischen Staaten steht häufig die Sprachbarriere entgegen. Übersetzungen ins Englische – etwa regelmäßig von Urteilen des *Conseil d'Etat* in der Zeitschrift *Public Law* – ermöglichen zwar einem breiteren Kreis britischer Verfassungsjuristen die punktuelle Auseinandersetzung mit ausländischer Rechtsprechung und Dogmatik.[383] Sie verdeutlichen letztlich aber auch, daß die Originaltexte ohne derartige Übersetzungen kaum wahrgenommen werden. Die britische Verfassungsreformdebatte wird statt dessen in einer lebhaften Auseinandersetzung mit englischsprachigen Autoren aus dem Rechtskreis des *common law* geführt.[384] Für hohe britische

---

of the Convention if the independence of those courts rested upon convention rather than law."

[379] Zur Rezeption des Verhältnismäßigkeitsgrundsatzes in Großbritannien *I. Loveland*, Constitutional Law, 2nd ed. 2000, p. 430–434, *J. Jowell*, [2000] P. L. 671, at 678–680, und *O. Hood Phillips/P. Jackson/P. Leopold*, Constitutional and Administrative Law, 8th ed. 2001, p. 698–726, vgl. bereits oben im Kontext des *judicial review* S. 74; grundsätzlich zur Transformationsrolle der Rechtsprechung der europäischen Gerichte am Beispiel des Austausches zwischen deutscher und französischer Grundrechtsdogmatik *C. Grewe*, RUDH 2004, p. 40, für den Einfluß allgemeiner Prinzipien des Europarechts auf die britische Rechtsordnung *J. Usher*, in: Festschrift G. Ress, 2005, S. 875 ff.

[380] *N. Walker*, [2002] M. L. R. 317, at 349.

[381] *Lady Justice Arden*, [2004] P. L. 701, at 702, zudem erneut bei *N. Walker*, [2002] M. L. R. 317, at 349.

[382] Bei *N. Johnson*, Reshaping the British Constitution, 2004, p. 103, sowie bei *N. W. Barber*, [2000] O. J. L. S. 131, at 134.

[383] Hinzuweisen wäre etwa auch auf einen an prominenter Stelle publizierten Beitrag der damaligen Präsidentin des BVerfG zum "Concept of the Supremacy of the Constitution": *J. Limbach*, [2001] M. L. R. 1.

[384] Zentrale, meist in Großbritannien selber publizierte Beiträge der Verfassungsdebatte stammen etwa von *R. Ekins* (*Judges' Clerk* am *High Court of New Zealand*), *J. Goldsworthy* (*Monash University, Australia*), *D. Jenkins* (*McGill University, Canada*), zur Methodenfragen auch *R. N. Graham* (*University of Western Ontario, Canada*), vgl. die Einzelnachweise im Literaturverzeichnis. Die Diskussionen über den Erlaß eines britischen *Freedom of Information Act* wurden etwa in intensiver Auseinandersetzung mit der entsprechenden Gesetzgebung in den USA, Kanada, Australien und Neuseeland geführt (dazu *D. Oliver*, Constitutional Reform in the UK, 2003, p. 159), nicht aber in Auseinan-

Richter ist nach wie vor der Austausch mit Richtern anderer *common-law*-Staaten von hoher Bedeutung.[385] Ein institutionalisiertes Forum des Meinungsaustausches besteht über das *Privy Council*, das höchste Gericht vieler *Commonwealth*-Staaten mit Sitz in London: Seine Mitglieder sind einerseits die *Law Lords* des *House of Lords*, andererseits hohe Richter verschiedener *Commonwealth*-Staaten.[386]

Ungeachtet dieser traditionellen Ausrichtung auf den Rechtskreis des *common law* hat sich die britische Verfassungsordnung auch als rezeptionsoffen gegenüber Rechtsfiguren des Europarechts und der Rechtsordnungen anderer europäischer Staaten erwiesen. Insofern kann von einem Wandel der britischen Demokratie unter dem Einfluß der europäischen Integration gesprochen werden.[387] Die Frage ist nur, ob diese Beobachtung wesentliche Reform*gründe* bezeichnet. Denn Parlament und Gerichte als Akteure der britischen Verfassungsreformen könnten sich diesem Rezeptionsprozeß widersetzen. Sie könnten die europarechtlich initiierten Veränderungen der britischen Verfassung auf das normativ Geschuldete begrenzen, nämlich auf die Durchsetzung des europarechtlichen Anwendungsvorrangs – ganz zu schweigen von der Möglichkeit eines Austritts aus der Europäischen Union, der immer wieder einmal in die Diskussion gebracht wird, letztlich aber doch keine reale politische Option darstellt. Gewisse Annäherungen der britischen Verfassung an ein kontinentaleuropäisches Verfassungsmodell beruhen demnach nicht auf einem Europäisierungszwang, sondern auf Reformnotwendigkeiten, die im britischen politischen System selbst zu suchen sind. Ihre Wirkung wird durch Europäisierungsimpulse verstärkt. In Betracht zu ziehen sind zunächst machtpolitische Motive für Verfassungsreformen.

2. Machtpolitische Reformerwägungen

In der Diktion der britischen Regierung sollen durch die 2003 vorgeschlagenen und inzwischen teilweise realisierten Verfassungsreformen (insbesondere die Umgestaltung des Amtes des *Lord Chancellor*, die Errichtung eines *Supreme Court* und personelle Reformen im *House of Lords*)

---

derselzung mit der europäischen Gesetzgebung zur Informationsfreiheit. Bemerkenswert auch die Adaption der kanadischen Dogmatik zur mittelbaren Drittwirkung von Grundrechten (*indirect horizontal effect*) im Rahmen der Auslegung von *sec. 6* des britischen *Human Rights Act*, während deutsche Dogmatik in diesem Zusammenhang überhaupt nicht wahrgenommen wurde (Nachweise oben S. 54 f.).

[385] Dazu etwa D. *Oliver*, Constitutional Reform in the UK, 2003, p. 26.

[386] Näher S. 39.

[387] So der Untertitel bei St. *Schieren*, Die stille Revolution, 2001.

anachronistische Verfassungszustände im Vereinigten Königreich überwunden werden.[388] Die Modernisierungsrhetorik, die sämtliche Verfassungsreformen begleitet,[389] läßt sich aus dem Selbstverständnis von *New
Labour* als moderner Reformpartei erklären und zielt auf Akzeptanz der
Reformen und ihre bestmögliche Öffentlichkeitspräsentation unter wahltaktischen Gesichtspunkten. Da die Verfassung nach der Doktrin der Parlamentssuprematie in ihrer klassischen Lesart zur Disposition der Parlamentsmehrheit steht, sind macht- und wahltaktischen Erwägungen *de iure*
keine Grenzen gesetzt. Mehr noch: Sie gelten im britischen politischen System in einem recht weiten Rahmen auch als politisch legitim.[390] So gerät
etwa die Kompetenz des Premierministers, innerhalb eines Fünfjahresrah-
mens den nächsten Wahltermin frei festzulegen, erst langsam in die Kritik,[391] obwohl diese Kompetenz stets nach wahltaktischen Gesichtspunkten ausgeübt worden ist.

Die Beispiele für wahltaktisch und machtpolitisch motivierte Verfassungsreformen sind zahlreich, ohne daß dies jeweils der einzige oder auch
nur der entscheidende Reformgrund gewesen sein müßte. Die Reformen
der Kommunalverwaltung[392] noch unter der konservativen Regierung
Thatcher dürften auch, wenn nicht vorwiegend, durch die Einschätzung
bestimmt gewesen sein, daß Schwierigkeiten in der Realisation eigener politischer Vorstellungen zu einem erheblichen Teil auf Kommunalverwaltungen zurückgeführt werden mußten, die durch die *Labour Party* domi-
niert waren und Obstruktion betrieben. Die Reformen zielten darauf, konkurrierende Machtzentren auszuschalten. Die Gesetzgebung von *New
Labour* zur *devolution* von 1998 ist zumindest im Hinblick auf Schottland
nur vor dem Hintergrund erheblicher Wahlerfolge der *Scottish National
Party* verständlich.[393] Ihrem Programm einer schottischen Unabhängig-

---

[388] "It is time now to bring such anachronistic and questionable arrangements to an
end", *Department for Constitutional Affairs*, *"Reforming the office of the Lord Chancellor"*, 2003, p. 2, im Hinblick auf die Stellung des *Lord Chancellor* als obersten Richters
und Kabinettsmitglieds.

[389] Als inhaltslos bis populistisch scharfer Kritik unterzogen durch *N. Johnson*,
Reshaping the British Constitution, 2004, p. 166–168.

[390] Vgl. etwa die selbstverständliche Gelassenheit, mit der *D. Oliver*, Constitutional
Reform in the UK, 2003, p. 4, auf die machtpolitische Motivation von Verfassungsreformen verweist.

[391] *D. Oliver*, Constitutional Reform in the UK, 2003, p. 157. Formal ist die Auflösung
des Parlaments keine Kompetenz des Premierministers, sondern ein monarchisches Präro-
gativrecht, das indes vom Monarchen unter Bindung an den Ratschlag des Premierministers ausgeübt wird.

[392] Dazu etwa *M. Loughlin*, in: J. Jowell/D. Oliver (eds.), The Changing Constitution,
4th ed. 2000, p. 137–167.

[393] Nach einem ersten steilen Anstieg (Höhepunkt bei den Parlamentswahlen vom Oktober 1974 auf 30,4 % der schottischen Stimmen) und deutlichem Rückgang in den 1980er

keit mußte ein Konzept entgegengesetzt werden, um eine Radikalisierung nach nordirischem Muster zu verhindern, nicht zuletzt aber auch, um weitgehend sichere *Labour*-Mehrheiten in der großen Mehrzahl der schottischen Wahlbezirke zu sichern.

Die schrittweise Aufhebung der Erbadelssitze im *House of Lords* wird von *New Labour* damit begründet, daß nicht in einer Parlamentskammer strukturelle politischen Mehrheiten einer politischen Partei festgeschrieben werden dürften.[394] Daß *New Labour*, kaum kaschiert durch diese neutrale Formulierung, konservative Mehrheiten beseitigt, dürfte nicht ganz unbeabsichtigt sein. Die Terminierung der jüngsten Reform, der Errichtung eines *Supreme Court*, dürfte schließlich ein Versuch gewesen sein, die stockende Reform des *House of Lords* zu beleben: Im Hinblick auf die Wahlen im Frühjahr 2005 erschien es der Regierung 2003/2004 geboten, noch ein größeres Verfassungsreformprojekt zu initiieren – aus Sicht der Kritiker, um darüber hinwegzutäuschen, daß nach wie vor kein Gesamtkonzept darüber besteht, welche Rolle diese Parlamentskammer künftig erfüllen soll.

3. Verfassungsreformen als Reaktion auf eine Legitimationskrise der überkommenen britischen Verfassung

So überzeugend Hinweise auf partei- und machtpolitische Motivationen und auf europarechtliche Reformimpulse im Einzelfall sind, so wenig können sie die tieferliegende Entwicklung von einer politischen zu einer rechtsnormativen Verfassung und die zunehmende Unterwerfung des politischen Prozesses unter gerichtliche Kontrollen erklären. Wenn zahlreichen Einzelreformen verschiedener Regierungsmehrheiten dieselbe Tendenz – nämlich eine Abkehr vom Konzept der *political constitution* – gemeinsam ist, scheiden kurzfristige machtpolitische und parteitaktische Interessen als Erklärung aus. Gleiches gilt für die europarechtlichen Gründe: Sie erklären einzelne Verfassungsreformen, aber nicht die Gesamttendenz des Verfassungsreformprozesses in Großbritannien insgesamt.

Die britischen Verfassungsreformen, die den politischen Prozeß verrechtlichen und die Gestaltungsfreiheit der jeweiligen Mehrheit begren-

---

Wahlen (Wahlerfolge nur noch von gut 10 %) wiederum deutlicher Anstieg in den 1990er Jahren auf 22,1 % (nationale Parlamentswahlen 1997) bzw. 28,8 % (Wahlen zum schottischen Parlament 1999); seitdem wieder leichter Rückgang; tabellarische Übersicht bei *A. Dodds/D. Seawright*, in: M. O'Neill (ed.), Devolution and British Politics, 2004, p. 90, at 91.

[394] *Department for Constitutional Affairs*, Consultation Paper *"Next steps for the House of Lords"*, 2003, p. 8.

zen, müssen statt dessen als Reaktion auf eine Krise der überkommenen
Verfassung gedeutet werden: Deren Legitimation ist nach verbreiteter
Auffassung angesichts veränderter gesellschaftlicher und politischer
Grundkonstellationen brüchig geworden. Der Gegenentwurf des *limited
government* reagiert gerade auf diese Legitimationskrise. Für diese Sicht-
weise spricht, daß die gesellschaftspolitischen Einschätzungen *Lord Hail-
shams*[395] aus den 1970er Jahren und die daraus resultierenden rechtspolitischen Forderungen heute von vielen geteilt werden: In Großbritannien
seien Funktionsvoraussetzungen des überkommenen politischen Systems
in den 1970er Jahren entfallen, die in der Retrospektive durch Schlagworte
wie Unregierbarkeit, parteipolitische Polarisation und Krise gekennzeichnet seien.[396] Zudem hätten die Erfahrungen des 20. Jahrhunderts gezeigt,
daß auch demokratisch gewählte Parlamente und Regierungen totalitär
werden könnten[397] und daß es deshalb normativer Bindungen der Mehrheit bedarf, die durch eine unabhängige Gerichtsbarkeit durchgesetzt werden können.

Dieser Interpretation lassen sich durchaus Gegenargumente entgegen-
setzen, beispielsweise der Verlauf des Gesetzgebungsverfahrens zur Änderung des *Nationality, Immigration and Asylum Act* im Jahr 2004:[398] Der
Gesetzentwurf der Regierung hatte vorgesehen, in Asylstreitigkeiten den
Zugang zu den Gerichten auszuschließen und Rechtsschutz in nur einer
Instanz durch ein neues *Asylum Tribunal* zu gewähren. Verfassungsrechtlich stand diesem Ziel nichts entgegen. Eine Verabschiedung des Gesetzentwurfs hätte aber den Anspruch auf gerichtlichen Rechtsschutz vereitelt,
der als Teil der *rule of law* zu denjenigen Gewährleistungen zählt, deren
Respektierung für ein *Dicey*'sches Verfassungsverständnis so selbstverständlich ist, daß sich ihre schriftlichen Normierung mit normhierarchischem Vorrang erübrigt. Und in der Tat haben sich im Frühjahr 2004 die
außerrechtlichen Sicherungen derartiger Gewährleistungen, auf die *A. V.
Dicey* und die Anhänger seiner Verfassungskonzeption verweisen, als

---

[395] Oben S. 19 ff.

[396] *A. Gamble*, Between Europe and America, 2003, p. 150: "The conventions and
checks which had preserved the balance have been eroded or destroyed." Vgl. auch die Einschätzung des Politikwissenschaftlers *A. King*, daß das politische System Großbritanniens
seit den 1970er Jahren durch einen konfrontativen, kämpferischen Stil geprägt sei, der
durch das Zwei-Parteien-System als fast zwangsläufige Folge eines Mehrheitswahlsystems
begünstigt wird: *A. King*, Does the United Kingdom still have a constitution?, 2001, p. 45–
46, p. 77; zudem *A. Gamble*, in: H. Kastendiek/R. Stinshoff (eds.), Changing Conceptions
of Constitutional Government, 1994, p. 13. Grundsätzlich anderer Auffassung: *O.
O'Neill*, A Question of Trust, 2002, p. 9 et passim, die bereits bestreitet, daß es eine Ver-
trauenskrise in das politische System gebe – dies sei allein eine Fehlwahrnehmung.

[397] *J. Jowell*, [2000] P. L. 671, at 682.

[398] Ausführlich oben S. 25 f.

wirksam erwiesen: Wie von *Dicey* für solche Konfliktfälle prognostiziert, hat der Gesetzentwurf tatsächlich *"widespread resistance"*[399] hervorgerufen, so daß die Regierung den Gesetzentwurf während der Beratungen im *House of Lords* schließlich in diesem Punkt zurückgezogen hat.

In diesem Gesetzgebungsverfahren kann aber gerade auch ein Beleg für die Legitimationskrise der überkommenen Verfassungsordnung gesehen werden, nämlich dann, wenn der Blick nicht auf das Scheitern der Gesetzesinitiative gelenkt wird, sondern auf die Tatsache, daß eine britische Regierung – getragen von der *Labour Party* und nach eigenem Selbstverständnis den Menschenrechten sehr verpflichtet – überhaupt einen derartigen Gesetzentwurf in das Parlament einbringt. Die Phalanx der Kritiker fürchtete hier, vielleicht nicht ganz zu Unrecht, einen Dammbruch: Die Rechtsschutzgarantie solle zunächst ohne größeres Aufsehen und nur für Asylbewerber, eine Gruppe ohne Lobby in der Öffentlichkeit, beschränkt werden, und dann nach und nach auch in anderen Bereichen.[400] Wenn aber überkommene *civil liberties* und Gewährleistungen der *rule of law* auf einer derartig fragilen Grundlagen beruhten, ergebe sich zwangsläufig die Forderung nach ihrer normativen Absicherung in einer geschriebenen Verfassung.[401]

Eine verbreitete Lesart des Verfassungsreformprozesses verortet die Reformgründe konkret im Regierungsstil und Reformprogramm *M. Thatchers*. Die subtile Machtbalance der überkommenen Verfassung sei durch ihren diktatorischen, kompromißlosen Regierungsstil unterminiert worden: Sie habe andere Machtzentren, etwa die Lokalverwaltungen, unter enge Kuratel der Zentralregierung gestellt, störende bürgerliche Freiheiten beseitigt, die kollektive Verantwortung des Kabinetts durch eigene Direktiven ersetzt, kurz: *"She made herself first above inferiors"*[402]. Dies habe zwar die vorangehende politische Dauerkrise überwunden, zugleich aber die Legitimität der überkommenen Verfassungsordnung endgültig in

---

[399] *A. V. Dicey*, Introduction to the Study of the Law of the Constitution, 10th ed. 1959, p. 79.

[400] So dezidiert *A. Le Sueur*, [2004] P. L. 225 (vgl. allein die Unterstellungen bzw. Vorwürfe im Titel des Beitrags).

[401] So die Folgerung von *Lord Woolf*, [2004] C. L. J. 317, at 329. Ein weiteres Beispiel bietet die Anti-Terror-Gesetzgebung in Reaktion auf den 11. September 2001: Erst das *House of Lords* als unabhängiges Gericht hat hier festgestellt, was in einer freiheitlichen Gesellschaft selbstverständlich sein müßte, daß nämlich auch terroristische Bedrohungen gewisse rechtsstaatliche Mindestgarantien wie das Erfordernis einer richterlichen Entscheidung bei Freiheitsentzug nicht dauerhaft außer Kraft setzen kann: *A (FC) and others v. Secretary of State for the Home Department*, Urteil des *House of Lords* vom 16. 12. 2004.

[402] Diese Kritik zusammenfassend und in ihrer Zuspitzung karikierend *R. Brazier*, Constitutional Reform, 2nd ed. 1998, p. 8–9, dort auch das überspitzte Zitat.

Zweifel gezogen.[403] Denn das Funktionieren einer politischen Verfassung sei davon abhängig, daß die Mehrheit ihre formal unbegrenzte Macht nicht willkürlich nutze, für weitreichende Reformen Konsens suche und keine Bestrebungen entwickele, Wahlchancen der Opposition zu minimieren.[404]

Einen langfristigen Verfassungsreformprozeß ausschließlich dem Regierungsstil einer Premierministerin zuzuschreiben, dürfte die langfristige verfassungsrechtliche Bedeutung dieser Regierungszeit überinterpretieren. Gleichwohl ist es richtig, daß Schwächen der überkommenen politischen Verfassung in dieser Zeit besonders sichtbar geworden sind. Scharfsinnige politische Beobachter hatten sie freilich schon vorher diagnostiziert: *Lord Hailsham*, der spätere *Lord Chancellor* der Regierungen *Thatcher*, hat den Begriff *"elective dictatorship"* nicht auf seine eigene Regierungschefin gemünzt. Er hatte ihn zur Charakterisierung der überkommenen Verfassungsordnung schon in den 1970er Jahren geprägt, als noch die *Labour Party* die Regierung stellte.[405]

---

[403] *V. Bogdanor*, Politics and the Constitution, 1996, p. 21: "Having restored the authority of the state, she [Thatcher] also weakened the democratic underpinning which makes that authority tolerable."

[404] *A. Gamble*, in: H. Kastendiek/R. Stinshoff (eds.), Changing Conceptions of Constitutional Government, 1994, p. 18: "The legitimacy of ... unlimited parliamentary sovereignty ... depended on ... the observance by the ruling party of certain constitutional conventions, in particular the need to reach a broad consensus before the introduction or radical policies"; in dieser Richtung auch *D. Oliver*, Constitutional Reform in the UK, 2003, p. 383–386, und *M. Foley*, The politics of the British constitution, 1999, p. 49–53.

[405] *Lord Hailsham*, The Dilemma of Democracy, 1978, p. 9–11.

Hinweise zum Auffinden der zitierten Gesetze, Urteile und Parlamentaria

1. Parlamentsgesetze und Gesetzentwürfe

- *Acts of Parliament* werden als Volltextversion seit 1988 durch *Her Majesty's Stationery Office* zugänglich gemacht; einfachster Zugang über das Jahr der Verabschiedung und die alphabetische Listung der Gesetze unter:
  http://www.legislation.hmso.gov.uk/acts.htm.
- Parlamentarisch beratene Gesetzentwürfe (*Bills*) sind veröffentlicht unter:
  http://www.publications.parliament.uk/index/index.cfm.

2. Rechtsprechung

- Gerichtsurteile werden in dieser Studie regelmäßig aus einer der publizierten Entscheidungssammlungen zitiert (für Urteile von verfassungsrechtlicher Relevanz insbesondere *A. C., All ER, KB, QB*; Auflösung der Kürzel im Abkürzungsverzeichnis).
- Für Urteile des *House of Lords*, die nicht (bzw. noch nicht) in diese Sammlungen aufgenommen sind, ist zu verweisen auf:
  http://www.parliament.uk/judicial_work/judicial_work5.cfm.

3. Parlamentaria

- Der in dieser Studie zitierte *Official Report (Hansard)* der Parlamentsdebatten beider Kammern (*Commons Hansard, Lords Hansard*) ist abrufbar unter:
  http://www.parliament.uk/hansard/hansard.cfm.
- Die Berichte der Parlamentsausschüsse sind abrufbar unter:
  http://www.parliament.uk/parliamentary_committees/parliamentary_committees26.cfm.
- Der *Guide to Legislative Procedures* des *Cabinet Office* in der hier zitierten und derzeit geltenden Fassung vom Oktober 2004 ist abrufbar unter:
  http://www.cabinetoffice.gov.uk/legislation/legguide/index.asp.

4. Gesetzesvorbereitende Konsultationspapiere

– Teilweise veröffentlicht die Regierung vor der Ausarbeitung eines Gesetzentwurfs auf der Grundlage des *Code of Practice of Written Consultation* Konsultationspapiere zur öffentlichen Diskussion des Gesetzgebungsziels. Alle in dieser Studie zitierten Konsultationspapiere betreffen Verfassungsreformfragen und sind dementsprechend vom *Department for Constitutional Affairs* publiziert worden; sie sind abrufbar unter:
http://www.dca.gov.uk.

Literaturverzeichnis

Allan, Trevor R. S., Law, Liberty, and Justice. The Legal Foundations of British Constitutionalism, Oxford 1993.
- Constitutional Justice. A Liberal Theory of the Rule of Law, Oxford 2001.
- Constitutional Dialogue and the Justification of Judicial Review, [2003] O. J. L. S. 563.
- Doctrine and Theory in Administrative Law: An Elusive Quest for the Limits of Jurisdiction, [2003] P. L. 429.
- Legislative Supremacy and Legislative Intention: Interpretation, Meaning, and Authority, [2004] C. L. J. 685.

Allen, Michael/Thompson, Brian (eds.), Cases and Materials on Constitutional and Administrative Law, London, 6th ed. 2000.

Anthony, Gordon, UK Public Law and European Law, Oxford/Portland 2002.

Arden, Mary, Lady Justice, Jurisdiction of the new United Kingdom Supreme Court, [2004] P. L. 699.
- The Independence of the Judiciary and the Relationship between the Judiciary and Parliament, Manuskript, Oxford 2004 (erscheint in: Katja Ziegler/Denis Baranger/Anthony Bradley, Constitutionalism and the Role of Parliaments, Oxford, voraussichtlich Ende 2005).

Bagehot, Sir Walter, The English Constitution, Cambridge 2001 (Neuausgabe der Erstauflage von 1867 durch *P. Smith*).

Baldwin, Nicholas, The Membership and Work of the House of Lords, in: Paul Carmichael/Brice Dickson (eds.), The House of Lords, Oxford 1999, p. 29.

Barber, N. W., Sovereignty Re-examined: The Courts, Parliament, and Statutes, [2000] O. J. L. S. 131.

Bates, T. (ed.), Devolution to Scotland: The Legal Aspects, Edinburgh 1997.

Baum, Marius, Der Schutz verfassungsmäßiger Rechte im englischen common law. Eine Untersuchung unter besonderer Berücksichtigung der jüngeren Entwicklung des Verwaltungsrechts und des Human Rights Act 1998, Baden-Baden 2004.

Blackburn, Robert, Monarchy and the Personal Prerogatives, [2004] P. L. 546.

Bogdandy, Armin von, Gubernative Rechtsetzung. Eine Neubestimmung der Rechtsetzung und des Regierungssystems unter dem Grundgesetz in der Perspektive gemeineuropäischer Dogmatik, Tübingen 2000.

Bogdanor, Vernon, Politics and the Constitution, 1996.
- Devolution: The Constitutional Aspects, in: Jack Beatson (ed.), Constitutional Reform in the United Kingdom: Practice and Principles, Oxford 1998, p. 9.
- Devolution in the United Kingdom, Oxford 1999.

Bradley, Anthony, The Judicial Role of the Lord Chancellor, in: Paul Carmichael/Brice Dickson (eds.), The House of Lords, Oxford 1999, p. 155
- The Sovereignty of Parliament, in: Jeffrey Jowell/Dawn Oliver (eds.), The Changing Constitution, Oxford, 4th ed. 2000, p. 23.

Brazier, Rodney, Constitutional Reform. Reshaping the British Political System, Oxford, 2nd ed. 1998.

- A British Republic, [2002] C. L. J. 351.
- "Monarchy and the Personal Prerogatives": A personal response to Professor Blackburn, [2005] P. L. 45.

Burrows, Noreen, Devolution, London 2000.

Busch, Andreas, Central Bank Independence – an Option for Britain?, in: Hans Kastendiek/Richard Stinshoff (eds.), Changing Conceptions of Constitutional Government, Bochum 1994, p. 115.

Buxton, Sir Richard, The Human Rights Act and private law, [2000] L. Q. R. 48.

Campbell, David/Young, James, The metric martyrs and the entrenchment jurisprudence of Lord Justice Laws, [2002] P. L. 399.

Caldarone, Richard P., Precedent in Operation: A Comparison of the Judicial House of Lords and the US Supreme Court, [2004] P. L. 759.

Calliess, Christian/Ruffert, Matthias (Hg.), Kommentar zu EU-Vertrag und EG-Vertrag, Neuwied, 2. Aufl. 2002.

Carroll, Alex, Constitutional and Administrative Law, Harlow, 3rd ed. 2003.

Clayton, Richard, Judicial deference and "democratic dialogue": the legitimacy of judicial intervention under the Human Rights Act 1998, [2004] P. L. 33.

Collins, Lawrence, European Community Law in the United Kingdom, London 1975.

Cornford, Tom/Sunkin, Maurice, The Bowman Report, access and the recent reforms of the judicial review procedure, [2001] P. L. 11.

Cownie, Fiona/Bradney, Anthony, English Legal System in Context, London, 2nd ed. 2000.

Craig, Paul, Ultra Vires and the Foundations of Judicial Review, in: Christopher Forsyth (ed.), Judicial Review and the Constitution, Oxford 2000, p. 47.

Craig, Paul/Walters, Mark, The Courts, Devolution and Judicial Review, in: Christopher Forsyth (ed.), Judicial Review and the Constitution, Oxford 2000, p. 213.

Cross, Rupert/Harris, W., Precedent in English Law, Oxford, 4th ed. 1991.

Dicey, Albert Venn, Lectures introductory to the law of the constitution, London, 1st ed. 1885.
- Introduction to the Study of the Law of the Constitution, London, 10th ed. 1959.
- Einführung in das Studium des Verfassungsrechts, 10. Auflage, aus dem Englischen von Sona Rajani und Christian Meyn, herausgegeben von Gerhard Robbers, Baden-Baden 2002.

Dickson, Brice, The Lords of Appeal and their Work 1967–96, in: Paul Carmichael/ders. (eds.), The House of Lords, Oxford 1999, p. 127.

Dodds, Antonia/Seawrigth, David, The politics of identity: Scottish nationalism, in: Michael O'Neill (ed.), Devolution and British Politics, Harlow 2004, p. 90.

Downes, T. Antony, Textbook on Contract, London, 5th ed. 1997.

Drewry, Gavin/Blom-Cooper, Sir Louis, The Appellate Function, in: Paul Carmichael/ Brice Dickson (eds.), The House of Lords, Oxford 1999, p. 113.

Dworkin, Ronald, A Bill of Rights for Britain. Why british liberty needs protection, London 1990.

Ekins, Richard, Judicial Supremacy and the Rule of Law, [2003] L. Q. R. 127.

Elliot, Mark, The Ultra Vires Doctrine in a Constitutional Setting: Still the Central Principle of Administrative Law, in: Christopher Forsyth (Hg.), Judicial Review and the Constitution, Oxford 2000, p. 83.

Ewing, K. D., "The Law and the Constitution": Manifesto of the Progressive Party, [2004] M. L. R. 734.
- The Futility of the Human Rights Act, [2004] P. L. 829.

Feldman, David, The Impact of the Human Rights Act on the UK Legislative Process, [2004] Stat. L. R. 91.

Foley, Michael, The politics of the Britsh constitution, Manchester 1999.

Fordham, Michael, Judicial review: the new rules, [2001] P. L. 4.

Forsyth, Christopher, Of Fig Leaves and Fairy Tales: The Ultra Vires Doctrine, the Sovereignty of Parliament and Judicial Review, in: ders. (ed.), Judicial Review and the Constitution, Oxford 2000, p. 29.

Gamble, Andrew, The British Ancien Regime, in: Hans Kastendiek/Richard Stinshoff (eds.), Changing Conceptions of Constitutional Government, Bochum 1994, p. 3.

– Between Europe and America. The future of british politics, Basingstoke 2003.

Gamper, Anna, Die Regionen mit Gesetzgebungshoheit, Frankfurt am Main 2004.

Gardiner, Michael, The Cultural Roots of British Devolution, Edinburgh 2004.

Gearty, C. A., Reconciling Parliamentary Democracy and Human Rights, [2002] L. Q. R. 248.

Gneist, Rudolf von, Das heutige englische Verfassungs- und Verwaltungsrecht, Band I, 1857.

Goldsworthy, Jeffrey, The Sovereignty of Parliament. History and Philosophy, Oxford 1999.

– Homogenizing Constitutions, [2003] O. J. L. S. 483.

Grabenwarter, Christoph, Europäische Menschenrechtskonvention, München/Wien 2003.

Graham, Randal N., A Unified Theory of Statutory Interpretation, [2002] Stat. L. R. 91.

Gretton, George L., Scotland and the Supreme Court, [2003] Sc. L. T. 265.

Grewe, Constance, Les influences du droit allemand des droits fondamentaux sur le droit français : le rôle médiateur de la jurisprudence de la Cour européenne des droits de l'homme, RUDH 2004, 26.

Griffith, J. A. G., The political constitution, [1979] M. L. R. 1.

– The brave new world of Sir John Laws, [2000] M. L. R. 159.

Grosche, Andreas, Europäisierung des Verwaltungsrechtsschutzes im Vereinigten Königreich. Gerichtsorganisation – Verfahren – Kontrolldichte, Speyer 2004.

Groß, Thomas, Zwei-Kammer-Parlamente in der Europäischen Union, ZaöRV 63 (2003), 29 ff.

Grueber, E., Rezension von A. V. Dicey, Lectures introductory to the law of the constitution, 1st ed. 1885, in: AöR 2 (1887), 320 ff.

Hood Phillips, O./Jackson, Paul/Leopold, Patricia, Constitutional and Administrative Law, London, 8th ed. 2001.

Hailsham, Lord, The Dilemma of Democracy. Diagnosis and Prescription, London 1978.

Harlow, Carol/Rawlings, Richard, Law and Administration, London 1984.

Hayek, Friedrich A., The Constitution of liberty, London 1960.

Hazell, Robert, Who is the guardian of legal values in the legislative process: Parliament or the Executive?, [2004] P. L. 495.

Hazell, Robert/O'Leary, Brendan, A Rolling Programme of Devolution: Slippery Slope or Safeguard of the Union?, in: Robert Hazel (ed.), Constitutional Futures. A History of the Next Ten Years, Oxford 1999, p. 21.

Henne, Thomas, Verwaltungsrechtsschutz im Justizstaat, Frankfurt am Main 1995.

Her Majesty's Treasury, Reforming Britain's Economic and Financial Policy, Basingstoke 2001.

Heyen, Erk Volkmar, Französisches und englisches Verwaltungsrecht in der deutschen Rechtsvergleichung des 19. Jahrhunderts: Mohl, Stein, Gneist, Mayer, Hatschek, in: Jahrbuch für europäische Verwaltungsgeschichte 8 (1996), 163 ff.

Himsworth, C. M. G., The General Effects of Devolution upon the Practice of Legislation at Westminster, in: House of Lords, Select Committee on the Constitution, 15th Report: Devolution. Its Effects on the Practice of Legislation at Westminster, 2004 (HL Paper 192), p. 8.

Hope of Craighead, Lord, Methods and Results – The place of case law in the legal systems of the UK, in: Reiner Schulze/Ulrike Seif (Hg.), Richterrecht und Rechtsfortbildung in der Europäischen Rechtsgemeinschaft, Tübingen 2003, S. 145 ff.

Hunt, Murray, Using Human Rights Law in English Courts, Oxford 1997.
- The "horizontal effect" of the Human Rights Act, [1998] P. L. 423.
- (ed.) Assessing the impact of the Human Rights Act 1998, Oxford 1999.
- The European Convention on Human Rights, [2004] Y. E. L. 483.

Hunter, James, The politics of identity: Wales, in: Michael O'Neill (ed.), Devolution and British Politics, Harlow 2004, p. 113.

Ibler, Martin, Rechtspflegender Rechtsschutz im Verwaltungsrecht, Tübingen 1999.

Ipsen, Hans Peter, Über Verfassungs-Homogenität in der Europäischen Gemeinschaft, in: Hartmut Maurer u. a. (Hg.), Festschrift für Günter Dürig, München 1990, S. 159 ff.

Jacobs, Francis G., Public Law – The Impact of Europe, [1999] P. L. 232.

Jenkins, David, From Unwritten to Written: Transformation in the British Common-Law Constitution, [2003] VNJTL 863.

Jennings, Ivor, The Law and the Constitution, London, 5th ed. 1959.

Johnson, Nevil, Reshaping the British Constitution – Essays in Political Interpretation, Hampshire 2004.

Jones, Timothy/Williams, Jane, Wales as a Jurisdiction, [2004] P. L. 78.

Jowell, Jeffrey, Of Vires and Vacuums: The Constitutional Context of Judicial Review, [1999] P. L. 448.
- Beyond the Rule of Law: Towards Constitutional Judicial Review, [2000] P. L. 671.

Kastendiek, Hans/Stinshoff, Richard (eds.), Changing Conceptions of Constitutional Government, Bochum 1994.

Kavanagh, Aileen, The Elusive Divide between Interpretation and Legislation under the Human Rights Act 1998, [2004] O. J. L. S. 259.
- Statutory interpretation and human rights after *Anderson*: a more contextual approach, [2004] P. L. 537.
- *Pepper v. Hart* and matters of constitutional principle, [2005] L. Q. R. 121.

Keenan, P. B., Some legal consequences of Britain's entry into the European Common Market, [1962] P. L. 327.

Kentridge, Sir Sidney, The Highest Court: Selecting the Judges, [2003] C. L. J. 55.

King, Anthony, Does the United Kingdom still have a constitution?, London 2001.

Klug, Francesca, The Human Rights Act 1998: *Pepper v. Hart* and All That [1999] P. L. 246.

Laws, Sir John, Law and Democracy, [1995] P. L. 72.
- The Constitution: Morals and Rights, [1996] P. L. 622.

Legg, Sir Thomas, Judges for the New Century, [2001] P. L. 62.

Le Sueur, Andrew, New Labour's next (and surprisingly quick) steps in constitutional reform, [2003] P. L. 368.
- Three strikes and it's out? The UK government's strategy to oust judicial review from immigration and asylum decision making, [2004] P. L. 225.

Loewenstein, Karl, Staatsrecht und Staatspraxis von Großbritannien, 2 Bände, Berlin/Heidelberg 1967.

Limbach, Jutta, The Concept of the Supremacy of the Constitution, [2001] M. L. R. 1.

Loughlin, Martin, The Restructuring of Central-Local Government Relations, in: Jeffrey Jowell/Dawn Oliver (eds.), The Changing Constitution, Oxford, 4th ed. 2000, p. 137.
- The Idea of Public Law, Oxford 2003.

Loveland, Ian, Constitutional Law. A Critical Introduction, London/Edinburgh/Dublin, 2nd ed. 2000.

MacCormick, Neil, Questioning Sovereignty, Oxford 1999.
- Questioning "Post-Sovereignty", [2004] ELRev 852.

Malleson, Kate, Creating a Judicial Appointment Commission: Which Model Works Best?, [2004] P. L. 102.

Marshall, Geoffrey, Patriating Rights – With Reservations: The Human Rights Bill 1998, in: Jack Beatson (ed.), Constitutional Reform in the United Kingdom: Practice and Principles, Oxford 1998, p. 73.

– Two kinds of compatibility: more about section 3 of the Human Rights Act 1998, [1999] P. L. 377.

Masterman, Roger, A Supreme Court for the United Kingdom: two steps forward, but one step back in judicial independence, [2004] P. L. 48.

Maxwell, Patricia, The House of Lords as a Constitutional Court: The Implications of ex p. EOC, in: Paul Carmichael/Brice Dickson (eds.), The House of Lords, Oxford 1999, p. 197.

Mehde, Veith, Zwischen New Public Management und Democratic Renewal. Neuere Entwicklungen im britischen Kommunalrecht, VerwArch 95 (2004), 257 ff.

– Rezension von: Marcus Mey, Regionalismus in Großbritannien, Berlin 2003, in: DÖV 2005, 172 f.

Mey, Marcus, Regionalismus in Großbritannien – kulturwissenschaftlich betrachtet, Berlin 2003.

Nicol, Danny, The Legal Constitution: United Kingdom Parliament and the European Court of Justice, [1999] J. L. S. 135.

– EC Membership and the Judicialization of British Politics, Oxford 2001.

– Statutory Interpretation and human rights after *Anderson*, [2004] P. L. 274.

Norton, Philipp, The Glorious Revolution of 1688. Its Continuing Significance, [1989] P. A. 135.

– in: Hans Kastendiek/Richard Stinshoff (eds.), Changing Conceptions of Constitutional Government, Bochum 1994, p. 135.

Oliver, Dawn, Is the Ultra Vires Rule the Basis of Judicial Review? [1987] P. L. 543 (auch in: Christopher Forsyth (ed.), Judicial Review and the Constitution, Oxford 2000, p. 3.).

– Constitutional Reform in the United Kingdom, Oxford 2003.

O'Neill, Aidan, Judicial Politics and the Judicial Committee: The Devolution Jurisprudence of the Privy Council, [2001] M. L. R. 603.

O'Neill, Michael, Challenging the centre: home rule movements, in: Michael O'Neill (ed.), Devolution and British Politics, Harlow 2004, p. 32.

O'Neill, Onora, A Question of Trust, Cambridge 2002.

Page, Alan/Batey, Andrea, Scotland's Other Parliament: Westminster Legislation about Devolved Matters in Scotland since Devolution, [2002] P. L. 501.

Pahl, Marc-Oliver, Das Vereinigte Königreich – Der Fortgang des Devolution-Prozesses, in: Jahrbuch des Föderalismus 2 (2001), S. 281 ff.

Palmer, Rosanne/Jeffery, Charlie, Das Vereinigte Königreich – Die „Devolution-Revolution" setzt sich fort, in: Jahrbuch des Föderalismus 3 (2002), S. 343 ff.

Peters, Anne, Einführung in die Europäische Menschenrechtskonvention, München 2003.

Phillipson, G., The Human Rights Act, "horizontal effect" and the common law: A bang or a whimper, [1999] M. L. R. 824.

Pleines, Wolfgang, Homogenität in der europäischen bundesstaatlichen Verfassung auf Grund der Erfahrungen und der Homogenität in deutschen Bundesstaaten, Diss. Kiel 1973.

Rivers, Julian, Menschenrechtsschutz im Vereinigten Königreich, JZ 2001, 127 ff.

Ruffert, Matthias, Die Methodik der Verwaltungsrechtswissenschaft in anderen Ländern der Europäischen Union, in: Eberhard Schmidt-Aßmann/Wolfgang Hoffmann-Riem (Hg.), Methoden der Verwaltungsrechtswissenschaft, Baden-Baden 2004, S. 165 ff.

Rush, Michael, The House of Lords: The Political Context, in: Paul Carmichael/Brice Dickson (eds.), The House of Lords, Oxford 1999, p. 7.

Russell, Meg, Reforming the House of Lords. Lessons from Overseas, Oxford 2000.

Scarman, Lord L., English Law – The New Dimension, London 1974.

Schiemann, Sir Konrad, Recent German and French influences on the development of English Law, in: Rainer Schulze/Ulrike Seif (Hg.), Richterrecht und Rechtsfortbildung in der Europäischen Rechtsgemeinschaft, Tübingen 2003, S. 189 ff.

Schieren, Stefan, Die stille Revolution. Der Wandel der britischen Demokratie unter dem Einfluss der europäischen Integration, Darmstadt 2001.

Schorkopf, Frank, Homogenität in der Europäischen Union, Berlin 2000.

Schwab, Andreas, Devolution. Die asymmetrische Staatsordnung des Vereinigten Königreichs, Baden-Baden 2002.

Scott, I. R., A Supreme Court for the United Kingdom, [2003] C. J. Q. 318.

Seif, Ulrike, Recht und Justizhoheit. Historische Grundlagen des gesetzlichen Richters in Deutschland, England und Frankreich, Berlin 2003.

Slynn of Hadley, Lord Gordon, Constitutional Change in the United Kingdom, [2003] MERLR 1199.

Starck, Christian (Hg.), Bonner Grundgesetz. Kommentar, Band III, München, 4. Aufl. 2001.

Stevens, Christopher, English regional government, in: Michael O'Neill (ed.), Devolution and British Politics, Harlow 2004, p. 251.

Steyn, Lord J., The weakest and least dangerous department of government, [1997] P. L. 84.
– *"Pepper v. Hart":* a Re-examination, [2001] O. J. L. S. 59.
– The Case for a Supreme Court, [2002] L. Q. R. 382.

Sunkin, Maurice, Pushing Forward the Frontiers of Human Rights Protection: The Meaning of Public Authority under the Human Rights Act, [2004] P. L. 643.

Supperstone, Michael/Pitt-Payne, Timothy, The Greater London Authority Bill [1999] P. L. 581.

Sydow, Gernot, Die Verwaltungsgerichtsbarkeit des ausgehenden 19. Jahrhunderts, Heidelberg 2000.
– Der geplante Supreme Court für das Vereinigte Königreich im Spiegel der britischen Verfassungsreformen, ZaöRV 64 (2004), 65 ff.
– Rezension von: Nevil Johnson, Reshaping the British Constitution – Essays in Political Interpretation, Hampshire 2004, in: DÖV (im Erscheinen).
– Independence of the Judiciary in Germany, in: Katja Ziegler/Denis Baranger/Anthony Bradley (eds.), Constitutionalism and the Role of Parliaments, Oxford 2005 (im Erscheinen).

Taggart, Michael, Reinvented Government, Traffic Lights and the Convergence of Public and Private Law: Review of Harlow and Rawlings: Law and Administration, [1999] P. L. 124.

Tomkins, Adam, In Defence of the Political Constitution, [2002] O. J. L. S. 157.
– Public Law, Oxford 2003.

Usher, John A., The Impact of General Principles of Community Law in the United Kingdom, in: Jürgen Bröhmer u. a. (Hg.), Festschrift für Georg Ress, Köln 2005, S. 875 ff.

Voßkuhle, Andreas/Sydow, Gernot, Die demokratische Legitimation des Richters, JZ 2002, 673 ff.

Wade, Sir William R., The Basis of Legal Sovereignty, [1955] C. L. J. 172.
– What has happened to the Sovereignty of Parliament?, [1991] L. Q. R. 1.
– Sovereignty – Revolution or Evolution, [1996] L. Q. R. 568.
– Horizons of horizontality, [2000] L. Q. R. 217.

Wahl, Rainer, Konstitutionalisierung – Leitbegriff oder Allerweltsbegriff?, In: Festschrift für W. Brohm 2002, S. 191 ff.

Waldron, J., Law and Disagreement, Oxford 1999.

Walker, Neil, The Idea of Constitutional Pluralism, [2002] M. L. R. 317.

Ward, Alan J., Devolution: Labour's strange constitutional 'Design', in: Jeffrey Jowell/ Dawn Oliver (eds.), The Changing Constitution, Oxford, 4th ed. 2000, p. 111.

Ward, Ian, Walter Bagehot: Critic, Constitutionalist, Prophet?, [2005] P. L. 67.

Wilford, Rick, Northern Ireland: resolving an ancient quarrel?, in: Michael O'Neill (ed.), Devolution and British Politics, Harlow 2004, p. 135.

Winetrobe, Barry K., The Judge in the Scottish Parliament Chamber, [2005] P. L. 3.

Woodhouse, Diana, The Office of Lord Chancellor, Oxford 2001.

Woolf of Barnes, Lord, Droit Public – English Style, [1995] P. L. 57.

– The Rule of Law and a Change in the Constitution, [2004] C. L. J. 317.

Young, Alison L., *Ghaidan v. Godin-Mendoza*: avoiding the deference trap, [2005] P. L. 23.

Personen- und Sachverzeichnis